TTS新書

社会人の英語

樋口真二

東京図書出版

はじめに

　さてこの書名の本を手に取られた方はもちろん大半の方が社会人であろう。またもうすぐ社会人になる学生の方もおられよう。また仕事を通じて、或いは仕事ではなく私的な交流でこれまで英語に触れて来た方も多いことだろう。

　多くの日本人ビジネスパースン、或いは一般の方たちで社会に出てから英語に関わったり携わって来たりした人は多い。しかし「あなたは英語を自由に話すことが出来ますか」と聞かれたら自信をもって「はい」と答えられる人はあまり多くないのではないだろうか。

　また長い間、時期によって濃淡の差はあれ英語を使って仕事をしたり、外国人と交流をして来たりした人であっても、自身が「正しい英語」或いは「きれいな英語」を話せるかというと、そこまでは言いきれないという人も多いだろう。

　この本を書くきっかけとなったひとつのエピソードがある。英語がある程度話せる日本人にありがちな話である。

今から数年前、私は成田空港の航空会社のラウンジで米国ロス・アンゼルス行きの飛行機を待っていた。ソファ席が埋まっていたので、対面式の広いカウンター席で、飲み物とおつまみを摂っていた。私の席の１・５ｍ程隔てた向かい側にも席があり、若い日本人のビジネスパースン（男性）がノートＰＣで仕事をしていた。すると暫くして東南アジア系と思われる若い女性が彼の隣の席に座ったのだが、その直後に彼女はグラスを瞬時倒してしまい、飲み物がその男性の方にこぼれたのである。幸いにこぼれた量は大したことはなく、彼女が "Oh, I'm sorry." と彼に言うと、その日本人男性はその女性に向かって自然に "That's all right." と返したのである。こんな時に英語で自然に返せる日本人はまだ残念ながら少なく、何となくぎこちない対応が多いのをこれまで見て来た私はホッとした。その後若い二人は英語で言葉を交わし、男性は自然にふるまっていたので安心して見ていられた。やがて女性はこういう場面でお決まりのフレーズを彼に向けた。

"Where are you heading?" と。

するとこの日本人男性はきょとんとして黙ってしまったのだ。暫く二人は沈黙した。間違いなくこの男性は彼女が言った意味が分からなかった。どぎまぎしたのは寧ろこの女性の方だった。空港で初対面の人と話すときのお決まりの表現が相手に通じないことに慌ててしまったようだった。これまでの会話がスムーズだっただけに女性は余計に当惑していた。残念なことに二人の間の空気が凍り付いてしまい、この二人の会話はここで途切れて、再開することはなかった。

読者の皆さんは如何だろうか。Where are you heading (for)? とは空港ではごく頻繁に使われる表現だ。「あなたはどこに向かっているの」ということ。意訳すれば「行先はどこなの」。

何故、私がこの出来事を重視するかというと、海外経験のある、或いは海外渡航に慣れている日本人が使う、或いは知っている英語と、実際に世界で普通に使われている英語に差があるということを改めて感じたからだ。因みにhead for〜は「〜に向かう」という一般的な句で、ある人が移動している時などに英語では頻繁に使われる（但しwhereには「〜へ」という意味も含むのでforは省くことが出来る）。

逆に日本人のビジネスパースンが空港で誰かに英語で「あなたはどこに行っているの」と聞くときは何というだろう。恐らく殆どの日本人は“Where are you going?”というのではないだろうか。だがこの場合、Where are you going? はふさわしくないのである。

これは推測だが、この男性は自分の英語の範疇に「〜に向かう」という意味のheadという動詞がなかったことから、headingという単語自体が聞き取れなかったのだと思う。何故ならこの発音はカタカナで表記すると、「ヘリング」と発音されるからだ。サッカーのヘッディングと同じ単語なのだが、日本語の「ヘッディング」が平板の発音なのに対し英語では語頭にアクセントがあり、「ヘリング」と聞こえる。

しかしもうひとつの問題は彼は聞き取れなかったのであれば堂々と聞き返せば良かったのである。例えば丁寧に聞くのであれば"I beg your pardon?"だし、"Excuse me?"でも"I'm sorry?"でもいい（本文第3編第5章参照）。このように気さくに聞き返すという感覚も大事なのであるが、そういったことに慣れていなかったのかその男性は何を言ったらいいか分からずに固まってしまったという訳である。

日本人が英語を自然にそして普通に話せるようになる為には、「日本人英語」からの卒業が必要だ。その為の方法やその為の行動もこの本では触れてある。興味を持った方は是非実践していただきたい。日本人が社会人として身に付ける英語とは何か、それはどうやって身に付けて行くのか、それをこの本の中で述べて行きたい。

この本は英会話の本ではない。この本を読んで英会話を習得出来る訳ではないが、社会人としての英語を身に付ける為の姿勢、考え方、具体的方法を述べてあるので、自ら意識を変化させて、更に努力もして社会人の英語を身に付けて欲しい。

本文で述べるように英語はグローバルな現代社会の「標準語」であり、特に生活水準が高く、教育文化環境の整っている先進国の日本人なら英語が理解出来て話せるのが当然だと世界中の多くの人が期待しているのだ。

本文中に述べているが、インターネットなどＩＴ（情報技術）の発達により英語を始め外国語を学ぶ環境はかつてと比べられないほど抜群に向上しており、現代の日本人は大変恵まれた状態にあるのだが、日本人の英語を話す能力は残念ながら相対的に低下の一途をたどっている（本文第1編第2章参照）。この惜しむべき状態を何とか改善出来ないものか、一般の日本人がもっと英語を使いこなせるように出来ないものかという強い思いでこの本を書くことになった次第である。

「社会人の英語」とは、日本の一般社会人として身に付けて欲しいという水準の英語のことである。決して流ちょうな英語を話すようになることが目的ではない。

尚、社会人とは多くの一般の日本人を指すが、その中でも日常の仕事、業務で英語（或いは他の現地の言語）を必要としている、更には海外駐在経験のある方やこれから海外駐在の可能性のあるビジネスパースンも含まれる。そういうビジネスパースンの方々は一般の社会人や学生と比べ英語の必要性は格段に高く、また英語を使用する頻度が高いので英語習得の「緊急性」も異なる。そういうビジネスパースンの英語習得も社会人の英語に含まれているし、社会人が英語を習得する方法も十分効果的である。しかし先に述べたように必要性、緊急性に違いがあることから、そういうビジネスパースンの英語習得の考え方は別項目にまとめることにした。

因みに筆者は帰国子女ではないし、大学で英語を専門として学んだことはなく、いわゆる英会話教室に通ったことは一度もない。社会人になるまで留学した経験もなかった。こんな私でも社会人になって主に仕事を通じて英語を話すことを学び、更に社会人留学が叶ったこともあって長い時間を経て英語が自由に話せるようになり、英語を使って仕事をしたり、楽しく交流したりできるようになった。

この本を読まれた方がこれを契機として社会人としての英語を身に付けようと決心して時間をかけてでも実践してくれる、そしてグローバル市民の仲間入りをする、そんな方がひとりでも多く現れてくれれば私の本望である。

社会人の英語 ❖ 目次

第1編　【現状認識編】

1　英語は外国語ではない、「標準語」である

現代はグローバル社会であるということを否定する人はいないであろう。インターネットが発達し、いつでもどこでも誰でも世界中の人と繋がることが出来る。しかもそれは瞬時、同時にである。インターネットが普及するまでは考えられなかったことである。しかもそのインターネットが繋がる環境にさえ居れば、世界と交流、交信するコストはほぼゼロに近い。かつて国際電話をかけるだけで高額な電話料金を支払っていた頃からは考えられない世界である。今やソーシャルメディア（ＳＮＳ）を通じて海外の知人と自由に通話も出来るし画像を見ながら話も出来る。世界中、いや地球全体がフラットに（遮るものがなく）なり低コストでお互いに交流、交信出来る世界がここに出現した。

さてそこで海外にいる外国人と交流・交信する為には言語が必要となる訳だが、そこで使用される言語は圧倒的に英語が主流となることは間違いない。例えば日本人がドイツ人とソーシャルメディアなどで交信する場合、日本語でもドイツ語でもなく、英語を使用するのが普通であろう。実際にインターネットで世界中に飛び交っている言語のかなりのシェアを英語が占めている。ドイツStatistica社の調査によると２０２４年の世界中のインターネットのWebコンテンツの使用言語は59％が英語であったとのことである。また知識・情報源という観点で言えば世界中で出版されている書籍の実に25〜30％は英語で書かれた本であり、言語の中で最も多い。世界中で何千、いや何万と言語がある中で、知識や情報の源である書籍に単一の言語がこれだけ集中して使用されていることは特筆すべきことだ。学術論文となると英語への集中度はさらにすさまじく実に90％以上は英文で書かれているとのことである〈出典：Scopus and Web of Scienceなど〉。つまりあらゆる世界中の情報の海は英語で埋め尽くされていると言って良い。

20世紀の終わりから21世紀初頭にかけて、世界最大（当時）の人口大国の中国の成長ぶりは目覚ましく、中国が世界の政治・経済大国として台頭する中で、学ぶべき言語として中国語の重要性、将来性を予見する声が多くあり日本を始め世界各国で中国語ブームが起きていた。例えば後に中国へ強硬な政策を採ることとなったトランプ米国大統領の孫娘も、２０１７年のソーシャルメディアへの投稿動画で中国語を習っていることを誇らしげに公表していたほどである。しかし今や「中国語ブーム」は失速したとも言える状態で、インターネット社会が出現して以来一貫して英語の地位は上昇し、重要化している。多くの日本人にとって英語は今でも「外国語」という認識かも知れないが、元々長い間国際語としての地位があった英語は、インターネット出現後は寧ろ世界の「標準語」となったといっても過言ではない。前記に挙げた例のように世界中でどちらか或いは双方が英語を母語としない人が交流すればするほど英語の重要性が増すことになる。中国語が国際語として英語の地位に近付くという予想や期待は見事に外れてしまった。

英語による世界支配の原因はもちろん大英帝国に続いて世界の覇権を担うことになった米国の圧倒的な経済力、それに加え世界最大の軍事力に裏打ちされた政治力にあるのだが、インターネットという技術はもちろんのこと、ここ数十年で生み出された様々な新しい技術やサービスはその大半が米国発祥ということも大きな要素である。世界を変えた巨大なGAFAM（Google, Apple, Facebook, Amazon, Microsoft）やMagnificent 7（GAFAM5社にNVidiaとTeslaを加えた7社）と呼ばれる現代IT世界を代表する企業は全てアメリカ発祥である。アメリカの世紀といわれた20世紀に引き続き、21世紀に入っても世界経済はアメリカが引っ張っているのが実態である。今のビジネス社会を眺めれば更に世界を変革するような、或いは大きな影響を及ぼす新技術、新製品、新サービスを生み出す企業はアメリカで次々に現れることもほぼ間違いない状態である。そういう経済の面だけでなく、音楽、映画、演劇などあらゆる文化やエンタテインメント、メジャーなプロスポーツなどアメリカが世界で圧倒的な競争力を持っているものが数えきれない程ある。かつてと比べれば軍事力、政治力において相対的に影響力が低下したとはいえ、アメリカが世界の経済・政治・文化の中心であり最先端であり続けていることが英語のグローバル化を不動のものにしていることは間違いない。またアメリカは先進国でありながら今でも人口増加が続いており、アメリカ英語を母語とする人の数も増え続けていることになる。アメリカ以外に英語を母語とするカナダ、オーストラリアも移民政策を有しており、同様に人口が増加しているから、これらと合わせると英語人口は継続的に増えている。また英語の母国である英国は人口増加はそれ程ではないにしろ、経済力、政治力では世界において一定の影響力を保持していると言っていいだろう。

世界の標準語としての英語の位置づけは現時点では衰える見込みはないと言え、当面は日本人が「社会人の英語」を習得する意義は非常に大きく、また今後も決して薄れないだろう。

日本にいて普通に暮らしていると全く感じないが、インターネットを通じてグローバルな社会に一歩足を踏み入れるとそこは英語を標準語とする世界である。日本人はもはや**英語が「外国語」であるという認識は捨て去った方が良い**。英語はこれまでも便利なビジネス・ツールとして捉えられてきたが、今やその段階を超えて、このグローバル社会で生きて行く為に**最低限必要な基礎ツール**であり、必需品またはコモディティ（日用品）である。全く特別な存在ではない。

敢えて分かりやすく言えば、グローバル社会において日本語はいわば「方言」であり、英語が「標準語（共通語）」であるということだ。今後日本語のみで生きて行こうということは、たとえて言うと「私は生涯、方言で通します。標準語は拒否します」と言っているのと同じである。これは情報データ網や通信網が発達したフラットなグローバル社会においてある意味で偏狭で閉鎖的な考えと言われても仕方がない。何故なら世界にあふれる多くの最新の情報や新しい人々との交流の機会を全て放棄してしまうことだからである。

もちろんそれでも日本国内においては支障なく生きて行けるのだが、グローバル社会の主流からは離れたところで生活するということを意味する。真の「地球（グローバル）市民」にはなれないということだ。

グローバル社会で「地球市民」として世界標準で生活しようとするならその標準語である英語による交信・交流が基本であり、英文をスムーズに理解して読めることが当たり前のこととなる。それが出来ないことは不便であるし、多くの場合不利な立場に置かれることがある。こういったことは言われて久しいのだが、インターネットの普及がこの現実に拍車をかけた。日本に居ても、もはや**英語を外国語であると考えることに無理があり**、特に一人前の社会人は世界の標準語である英語による一定のコミュニケーション力が必須となる。つまり「社会人の英語」を身に付けておく必要があるということだ。

社会人の英語とはペラペラと流ちょうに英語を操るという意味ではない。相手に通じる英語での基本的なやり取り、会話が出来て、自分の考えをある程度表現出来ること、そして英語で書かれた簡易な文章なら理解できるということである。「社会人の英語」はもっと難易度を下げて考えてよいのである。

２　年々低下している日本人の英語力

英語はグローバル社会における「標準語」であることを述べたが、であれば天然資源がなく、古くから加工貿易と称して輸入した原材料を製品にして世界中に輸出するシステムで海外と強く結びついて来た、そしてその後も製造業を始めとして国際経済の真っただ中で活動して来た日本人の「英語力」は実際はどうなっているのか。特に２０１１年からは小学校5、６年生から「外国語活動」と称して英語授業が始まり、中学校でも英語が週３コマから４コマへ増加するなど政府（文部科学省）として英語習得により一層力を入れるようになってから既に10年以上が経過し、現在は小学校４年生から英語を学ぶようにまでなっている。小学校に英語の教科が初めて導入された２０１１年に5年生として学習した生徒は今、23、24歳となっている。また親による子供の英語教育熱も年々高まり、小学生向け英会話教室は急増しており、その潮流は幼児にまで及び、英語で幼児に対応する「インターナショナル幼稚園」も珍しくなくなった（第４編第２章参照）。

これほどまで英語教育熱が高まって来ている日本人の「英語力」はどのくらい向上したのであろうか。英語力の国際比較を見てみよう。

国際語学教育機関「ＥＦ：エデュケーション・ファースト」（本部・スイス）が発表した２０２４年調査によると、英語を母語としない１１６カ国・地域のうち、日本人の英語力は92位、アジア23カ国・地域では16位という結果だった。日本は、５段階中４番目となる「低い能力レベル」（世界62〜92位）に分類されている。調査は世界の約２１０万人がオンライン上で受験した無料テストのデータを分析し、「英語能力指数」として国・地域別のランキング

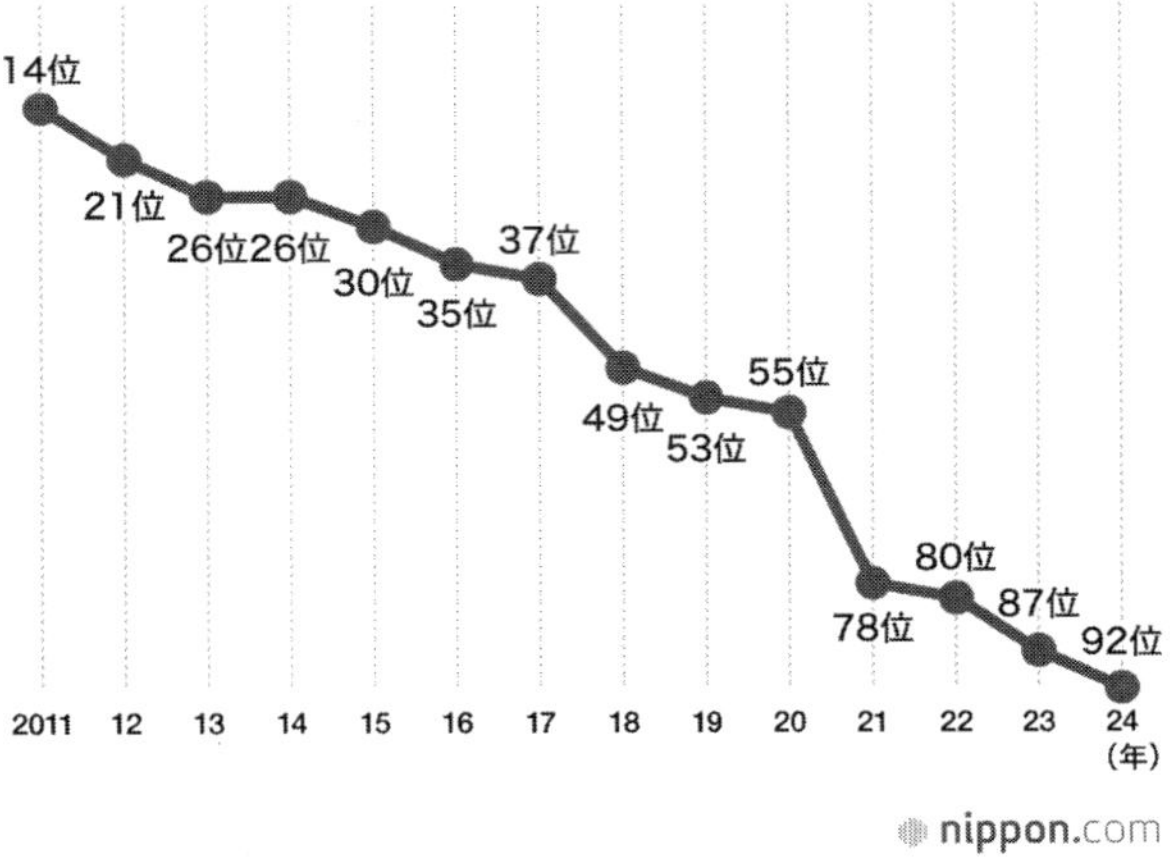

EF EPI 英語能力指数での日本の順位

にまとめてある。日本と英語力がほぼ同水準の国はカーボベルデ、クウェート（ともに89位）、中国（91位）など。日本は初回調査の2011年は14位だったが、当時約40カ国だった参加国が次第に増えるとともに順位を下げている（出典：Japan Data）。

これが日本人の英語力の実態である。

「国の英語力」の測り方は難しいし、どういう人を抽出してどのようなテストを行ったのかも確認する必要はあるだろうが、少なくとも世界の国々の人と比較して日本人がここ数十年英語力を伸ばして来たとは言えない結果である。また個人の実感としても、この10年、20年で日本人の英語能力が目に見えて向上したとは思えないから、このデータは間違っているとも思えず、実態を表しているように思う。

日本経済の競争力が衰えて久しい。一方中国の成長は言うまでもなく、21世紀に入ってからのGDP成長力やその原動力であるサムソン、LG、SKを始めとした韓国財閥企業の国際競争力の伸張は目覚ましい。後述するがこの2か国とも若者の英語力は日本人のそれよりもかなり高い。特に韓国人の英語力のここ15年程の伸びはすさまじい。英語がグローバルな標準語であるという前提に立って、それを修得した多くの若者がいる国と、それが出来なかった或いは相対的に低下した国との競争力に差が出るのは当然なのかもしれない。国民の「英語の普及の差」が国の競争力に大きなインパクトを与えているのではないだろうか。

日本のＧＤＰは１９６８年に西ドイツ（当時）を抜き、米国に次いで世界第2位となり、以来40年以上その地位にあったが、２０１０年に中国に抜かれて3位となり、２０２４年には56年ぶりにドイツに抜き返されて4位に落ちた。また２０２５年にはインドに抜かれて5位になる見込みとのことである。更に近い将来はインドネシアにも抜かれる可能性が高いと言われている。

日本のＧＤＰの世界ランクの低下はまるで前出のグラフのように日本人の英語能力の相対的低下と相関関係にあるかのような動きである。

ふたつの指標の動きが一致していることは偶然とはいいきれないのではないだろうか。寧ろその国の国民全体の英語レベルが経済成長に影響を及ぼしており、更に相対的にその国の経済力に関係しているのかも知れない。このことについては第2編第4章で見て行きたい。

経済成長の為だとか国際競争力の為に英語を学ぼうと主張するのがこの本の目的ではないが、国民（社会人）がグローバル社会の「標準語」である英語を身に付けなければ社会全体の活気が失われ国家レベルにおいても影響が出る可能性があると私は考える。

3　英語は「学問」ではなく「社会人としてのマナー」

日本では英語などの言語を学ぶことを「語学」と呼んで学問の範疇に入れてしまう傾向がある。英語を学問として捉えること自体は悪い事ではないのだが、学問であると位置づけてしまうことで、難しい「勉強」と捉え、習得することに対し心理的な障壁（バリア）を自ら作っているとも言える。言葉は日常のコミュニケーションの手段であり、言葉を使って他人と意思疎通を図ることは人類だけが行える独自の道具・技術であり、人類であるゆえんでもある。その観点から言えば言葉は学問というより生活の一部であり、「生活必需品」である。英語も高尚な学問と思わずにもっと「身近な道具」と捉えるべきだ。英語はグローバル社会の標準語であると述べたが、つまり英語は現代においては社会人として知っておくべき、身に付けておくべき社会のマナーのようなものということになる。

誰でも大人になり社会に出れば言葉遣いや食事のマナー、冠婚葬祭のマナー、仕事上のマナー、広く公共のマナー（例えば電車の乗り方）など社会人としてのマナーを誰もが身に付けることが要求される。これらが人並みに出来ないと相手を困惑させたり、周りに迷惑をかけたり、自分もばつが悪い思いをすることがある。

社会人として一定レベルの英語が話せることは現代グローバル社会のマナーと捉えることが出来る。つまり肝心な時に英語が話せず、理解出来ないと損をしたり、気まずい思いをしたり、困ったりする場面がこれからだんだん増えてくることが予想される。

会話だけでなく英語の簡単な文章が理解出来ない場合も同様である。海外旅行に行った場合もそうであるが、日本国内にいてもソーシャルメディアなどインターネットやＴＶの海外番組やニュースなどで英語表現に出会うことはどんどん増えている。英文が目に入ったら避けたり目をそらしたりせず、まずは目を通して読んでみる、聴いてみるという習慣を身に付けることが必要である。

人によって話せるレベルに差はあって良いが、英語が全く話せないというのはグローバル社会では社会人として一人前とはみなされないということになる。

前述の通り英文の理解も同様である。英語で書かれたウェブサイト、或いはホームページはもちろんのこと、日ごろ目にする様々な資料や簡単な案内文などを英文のまま読む習慣は必要だし、内容を理解出来るというのがグローバル社会における社会人のマナー・常識となる。

しかしそれを必要以上に恐れることはない。誰でも学校を卒業して社会人になりたての頃、社会のマナーを知らず、言動や態度がどことなくぎこちなくて失敗もする。しかし周囲に鍛えられながら5年も経つと大人としての言葉遣いや食事のマナーが板について来て誰でもがこなせるようになるのと同じように、英語も時間をかけて努力すれば誰でも一定水準のものは身に付けることは出来るのである。重要なのは英語を身に付けようという明確な意識と覚悟、そして諦めずに継続する努力である。

「英語ぺらぺら」を目指す必要はない。社会人として必要な英語を身に付ける具体的プロセスや考え方については後で述べる。

グローバル社会では基本的なマナーとして英語の読み書きができ、英語で最小限のコミュニケーションが出来ることが求められ、それが出来て初めて「グローバル市民」、つまり一人前の社会人ということになる。やはり「たかが英語、されど英語」なのである。

4　日本人が英語が苦手な「理由」

前述のように日本人の英語能力は国際的に見てもかなり低い訳であるが、それに加えて年々その能力が低下し続けているという深刻な現実に日本人は直面している。

本書の冒頭で社会がグローバル化し、その中で英語が益々重要化しており、インターネットの発達によりこれまで以上に世界中に英語が氾濫していることを述べたが、そういった世界の潮流と日本人の英語能力とは全く逆行していることになる。更に言えばＩＴの発達で今や生《なま》の英語に触れたり本物のネイティブスピーカーから英語を直接学んだりすることも可能かつ手軽になり、かつてに比べると英語や英会話を本格的に習得することは格段に簡単で便利な環境になっている。

日本は世界の先進国の仲間入りをしてから久しく、国民は概して豊かであり、インターネット通信環境も諸外国と比べて全く見劣りしない。パソコンやスマートフォンも国民に広く行きわたっており、誰もがインターネットにアクセスすることが可能な状態である。英語を習得するには概ね何ら障害はないといってもいいだろう。そんな恵まれた環境にある日本人の英語能力の長期継続的低下という現象は全く不可解なことである。

それでは一般の日本人は英語能力を身に付けることに無関心或いは無頓着なのであろうか。

興味深いデータがある。個人学習・企業研修事業を手掛けるストリートアカデミー社が２０２３年12月に行った「２０２４年に挑戦したい大人の習い事」という調査によるランキングでは、男性の1位は「英語」、女性では1位の料理に次いで「英語」が２位となっているのである。つまり日本の「社会人」は英語習得に非常に高い関心を持っているのである。その前年も男性で英語は２位、女性は1位だったとのことであるから、この「英語人気」は今に始まったことではないだろう。

また「小学生の習い事」の人気ランキングでは、過去30~40年間、水泳と英会話が常にトップ３にランクされているのは周知の事実である。30年前の小学生は今の40代である。この世代は子供の頃から社会人になってからも一貫して英語習得を目指して来ているということになる。一般の日本人がこれ程英語習得意欲が高いのに、その成果が全く上がっておらず、寧ろその実力は毎年下がる一方という厳然たる事実が突きつけられている。

天然資源に恵まれない日本は従来加工貿易と称して原材料を輸入して製品を世界中に輸

出することで経済発展を遂げて来たし、その後日本企業の海外進出が遥かに進み、今や世界中に日本企業の拠点や事業が無数にあるから日本企業の駐在員は世界の隅々に住んでいる。また国内にいる日本人ビジネスパースンが出張で頻繁に世界中に出掛けて行っている。もちろん企業駐在員だけでなく、個人として海外に移住し働いている人も多い。日本人の海外渡航（出国者数）はコロナ禍の時期を除いて増加の一途をたどって来た。つまり年々より多くの日本人が海外に出掛けて行っているのである（観光庁のデータによると、コロナ禍前の2019年の日本人出国者数は2000万人超で、その前の10年間で約500万人増加している）。

また日本は全エネルギーの約87%（資源エネルギー庁データ）、そして食料の約62%（カロリーベース、農林水産省データ）を外国からの輸入に依存して成り立っている極めて特殊な先進国である。G7（主要先進7か国）の中でもこれら重要な物資の海外依存度は突出して高い。つまり好むと好まざるとにかかわらずどっぷりとグローバル経済に依拠して存在している国である。

別の言い方をすると、日本経済は世界各国との共存共栄で成り立っており、日本人は毎日、無意識の内に世界中の国々と関わりながら生きているということである。

国の経済構造そのものが英語を中心とした外国の言語が必要とされるというグローバルな環境にありながら日本人の英語能力は向上するどころか、下降し続けているというのはやはり不可解なこととしか言いようがない。

日本人の英語能力が低迷していることに象徴されるように、一般的に日本人は英会話が苦手であるという事実は否定しがたい。

これは今に始まったことではなく、私が子供の時や学生時代も社会通念として存在して来た、「古くて新しい問題」なのである。つまりこの50年間、インターネットなどの通信手段の発達により海外との交信・交流手段は画期的に進化し、飛躍的に便利になっているのにもかかわらず、その風潮は全く変わらず改善されるどころか悪化する一方である。

ここで何故日本人が英語や他の外国語の習得に対して苦手意識を持っているのか考えてみたい。

このテーマの本質ではないが、幾つかの理由が考えられる。

それはいずれも日本語の持つ特異性が要因となっている。

まず日本語は英語に比べ、音の種類が非常に少ない。従って日本人が英語を発音しようとしても、それまで発音したことのない音を出さなくてはいけないケースが非常に多くなるということだ。

例えば母音の数。日本語の母音の数はよくご存じの通り、「あ・い・う・え・お（a i u e o）」の5種類である。これに対し、英語は英・米の違いや方言によって違いがあるものの、14〜20種類とされている。つまり日本語にはない母音の発音が10種類かそれ以上あることになる。例えば日本語の「あ」に相当する英語の母音は4〜5種類ある。つまり4〜5種類の異なる「あ」の発音が要求される。また子音は日本語の場合、「（あ・）か・さ・た・な・は・ま・や・ら・わ」と、「が・ざ・だ・ば・ぱ」という濁音、半濁音で全部で14種類とされる。これに対し英語は24種類であり、例の日本人が苦手な「th」「lとr」などの音が含まれる。これも日本人からすると生まれて発したことのない音を10種類ほど習得する必要があることになる。つまり母音と子音の組み合わせで100種類以上の未知の発音を習得する必要があることになる。

因みにフランス語は母音が13〜16種類、子音は19種類とやはり日本語よりかなり多い。そして中国語は母音は6種類と日本語と大差はないが、子音が21種類あり、日本人よりは英語を発音しやすい条件にある。

もう1点は日本語が漢字という表意文字を使用する点にある。漢字は「意味を持つ視覚記号」であることから文字から意味を捉える能力が発達しやすい言語である。四文字熟語などはその典型で、見た目で意味を瞬時に捉えやすい。このことから日本人は音を聞いてから理解するより、字を見て読んで意味を理解する習慣が根付いている。日本語に同音異義語が多いのもそういった背景があるからだろう。日本語は「文字言語」のひとつと言える。

一方で英語やフランス語はアルファベットという表音文字を使う為、単語をまず音として脳内で捉えて意味を結びつける言語である。つまり音を聞いて理解する言語で、「音声言語（Phonetic Language）」と言われる。これにより耳で音を聞いて理解する能力が発達することになる。

つまり日本人は外国語の発音を聴いてそれを脳内で処理するのは比較的苦手ということに繋がる。また前述の通り母語に音の種類が少ない為、その聞きなれない音、それまで発したことのない音を口で正確に再現するのは更に苦手だ。

このように一般の日本人が初めて英語で話された言葉を聴いて、全くその通りに真似して発音するのは非常に難しい。逆に英語のネイティブスピーカーが初めての日本語の音を聴いてその通りに真似して発音するのは比較的簡単に出来てしまうのはこういった理由によるものである。

私がアメリカ滞在中にテレビのドキュメンタリー番組を観ていたら、アメリカ人の女性がロシア人からロシア語を学ぶシーンがあった。ロシア語を初めて習うというその女性はロシア人が話す文章を聴いて真似るように言われると、ほぼ１００％に近い程、正確にロシア語で繰り返すことが出来ていた。目を閉じて聴いたらそれがロシア人が話していると間違うほど、抑揚も含め正確に発音できているのを見て驚いたことがある。英語のネイティブスピーカーが、初めて聴いた音を聴きとって正確に再現できる能力に優れていることを目の当たりにしたのである。

また、私たちはよく仕事やパーティーなどで外国人（特に欧米系の人）と初対面で話す時、相手が日本人である私たちの名前を聴いたとたんに覚えて、次からはこちらの名前で呼び始めることに驚くことが多い。彼らからすると日本人の名前は決して聞きなれた、覚えやすい名前ではない（例えば坂口 Sakaguchi や武内 Takeuchi など）のにもかかわらず、すぐに覚えて口に出して言ってくれるのだ。それ程、音を聞き取って再現することに慣れている。逆に日本人は外国人の名前を聞いただけで、同じように再現するのは一般的に苦手だ。しかし書いてある名前を読んで覚えるのはそれ程苦手でもない。文字として脳裏に刻むことが出来るからだ。日本人がやたらと名刺交換をしたがるのはそういうところにも理由があるのかも知れない。

以上、日本語の持つ特異性から日本人が英語や他の外国語を学ぶ上で不利な点があることを述べた。しかしこれはこの問題の本質的なことではない。単なる参考知識として捉えて欲しい。つまり「出来ない理由」をいくら挙げ連ねても何ら進歩はないということである。敢えて日本語にそういう特性があることを知識として知っておいても良いという程度の意味しかなく、それを英語が身に付かない口実にしてはいけないのである。

5　ビジネスパーソンの場合

さてここで一般市民でなく日本人ビジネスパーソンの場合はどうだろう。ここでいうビジネスパーソンとは仕事で英語を必要とする、或いはその可能性が高い仕事をしている人のことである（この本の「はじめに」に登場する男性もその一人）。

私の知る限り、こういったビジネスパースンの中にはもちろんネイティブスピーカー並みに英語を駆使して心置きなく仕事をしている人がいる一方で、かなり怪しげなレベルの人も多い。英語を話すこと、理解することが自由に出来ている人はごく一部に限られている。読者の中には、海外を飛び回っている、或いは駐在しているビジネスパースンはさぞかし英語或いはドイツ語、フランス語などの現地語がペラペラで、その外国語を自由に話し、難なく業務をこなしているというイメージを持っている人が多いかも知れない。しかし私がこれまで見て来た現実はそれとは程遠い。

私だけでなく、私の知人でアメリカに進出している日本企業向けに異文化交流コンサルタントをしているローラ・クリスカ（Laura Kriska）氏も厳しく指摘している。彼女はNY在住で、日本の大手企業の米国法人や支店などの日本人駐在員を対象とした、英語によるコミュニケーションのコンサルティングを行っているのだが、多くの大手日本企業の米国駐在員の英語によるコミュニケーション力は概して満足出来る水準には程遠いのが実態とのことである。またこの20年程日本人駐在員の英語レベルは殆ど向上していないとも言っている。

クリスカ氏によると実際にある日本の大企業からアメリカの事業会社に派遣されてきている日本人社長は部下のアメリカ人従業員との接点を極力避けようとしてか、社長室のドアを閉めて閉じこもって出て来ない為、アメリカ人社員が困惑し、その結果社内コミュニケーションに多大なる支障が生じ、日本の本社に伝わり大問題になった事案もあったとのことである。

（＊注：アメリカでは個室オフィスのドアは普段開けたままにしておくのがマナーで、ドアを閉めたままにするのは、部屋に入って来ないで欲しいとの意思表示である）

しかもこの日本企業は歴史的に長く海外展開を行って来た有名な国際的企業だったのである。

笑い事では済まされない由々しき事態である。

もう一つ。ではネイティブスピーカーは日本人のような外国人の英語をどう思っているのだろうか。もちろん実業のビジネスの世界で相手の言葉遣いについて直接指摘することは稀で、そのようなことは普通は口にしないだろう。

そこでひとつ興味深いエピソードを挙げよう。といっても映画の世界ではある。2010年公開でアンジェリーナ・ジョリー（Angelina Jolie）主演のスパイ・アクション映画“Salt”（「ソルト」）という作品がある（「ソルト」は主人公の名前）。ソルトはCIA（アメリカ中央情報局）にロシア担当として勤務しているのだが、ある時CIA本部にロシア人の初老の男性が突然やって来て、伝えたい重要なことがあると言う。相手がほかならぬロシア人ということもあり、CIA本部はすぐに別室に通す。外出しようとしていたソルトは急遽呼び出されそのロシア人の尋問をすることとなる。そして尋問に向かう前にすぐさま彼女がスタッフの一人に聞いたのは、“How's his English?”（その人の英語はどのくらいなの）であった。彼女はこれから会う人物を軽く扱うような口調で聞く。それに対しその部員は“Not great. But possible.”（いやうまくない、だが理解は出来る。）と回答する。

つまり外国人と接する前に相手の英語レベルを推し量っているのだった。しかも映画とはいえ、少し辛《から》い言い方である。それを聞いたSaltは「英語はカタコトなのね」と覚悟を持って英語があまり話せない相手との面接に入って行く。

映画のワンシーンではあるが、緊張感のあるシーンであり決して荒唐無稽なセリフのやり取りではないことを考えると聴衆のアメリカ人が観て決して違和感のある会話ではないと思う。つまり外国人と接する際にネイティブスピーカーは相手の英語のレベルをまずは確かめた上で心の準備をして取りかかるということだ。

これは日本人でも同じだろう。外国人のお客さんが日本にやって来る。こちらは英語が分かる人がいるが、それ以外の言語を話せる人がいない場合は面談する前に、紹介して来た社内の人間に対し「ところで相手は日本語は話せるの？　英語のレベルはどのくらい？」と確かめるのはよくあることである。

つまりビジネスの世界では常に話せる能力を相手に推し量られている訳である。

国際間のビジネスの場合、その基本となる使用言語は間違いなく英語である。英語のレベルが高くないからと言って決して相手を見下すことはないが、相手の英語レベルをまず念頭において面談、商談が進められるのも現実である。逆に言うなら、英語が母語でなくてもネイティブスピーカー並みの「きれいな」英語を話す外国人ビジネスパースンにとって相手の日本人が同レベルの英語が話せることは一つの安心材料であり、円滑に商談が出来るのもまた事実なのである。逆に日本人側の英語がたどたどしければ相手は気を使うし、話すペース（速さ）はもちろん、話すレベルも一段落として（例えば難しい表現や単語は使わないなど）話すという姿勢になる。しかしこれでは円滑な商談や重要な事業の交渉の支障となりかねない。

東南アジアでの日本人駐在員に見られるブロークンな英語でも一応は通じるし、相手も理解してくれる。しかしこのままで通って来ているからそれで良いというのでは全く進歩がなく、事態は改善されない。

まず東南アジアの多くの国で実業界の中枢を占める経営者、オーナーは華僑（中国出身の人々）が殆どである。実力のある華僑企業は現地で大きな財閥をつくり、その国の実業界、経済界で絶大な影響力を有している。そしてこれら華僑財閥の跡取りとなる御曹司たちの多くは若い時に米英の大学や大学院に留学しているから、本場仕込みの奇麗で正統な英語を話す。だから彼らからすればぎこちない英語や分かりにくい英語を話す人たちよりも、同程度のネイティブスピーカー並みの英語を話す相手の方が仕事はしやすいし、信頼も置きやすいのだ。私はフィリピンやインドネシアでこのような地元の華僑財閥の御曹司と何度か直接話した経験があるが、東南アジア独特のアクセント（なまり）のない奇麗な英語だったので、私も心置きなく話すことが出来た。お互いの英語のレベルが同じか近いと「話しやすい」と感じ意気も通じ合えて仕事も円滑に進められるのである。
日本人ビジネスパースンが、東南アジアにおいて華僑財閥を相手に、特に重要な商談などでトップと渡り合おうと考えるならこちら側も「正統できれいな」英語を話す必要がある。彼らと話す時にたどたどしい英語では信頼感、安心感を持ってもらうのは難しい。

英語が必要なビジネスパースンはニーズはすぐ目の前にあり、悠長なことは言っている猶予はなく、意識を高め集中して一定期間内に相当のレベルの英語を習得すべきである。英語がへた、或いは話せなくてもご愛嬌として許された以前とは違い、今は甘えが許される時代ではないだろう。日本企業では「業務優先」という美名のもとに従業員の英語（或いは他の現地語）の能力よりも、業務の能力や経験を優先し、英会話力が基準に満たなくても海外駐在を許して来た歴史がある。そのやり方でないと適任者が他にいない場合があったり、「現地に行けば何とかなるだろう」という思い込みもあったりした。また実際に現地に赴任してみると、本人は経営層や管理職の立場であり、周りは気を使ってくれ、他に現地の英語に慣れた日本人社員がいるし、拙い日本人の英語を理解してくれる勤務歴の長い現地社員もいて、そういう人たちに助けられて何とかなるのも事実である。しかしそれは「何とかなっている」だけで、仕事を最良の状態で進める本来の姿からは程遠い。英語がもっとスムーズであれば社内外に太い人脈を築き、業容をもっと拡大出来ているかも知れないのだ。

この本のテーマである一般の「社会人」の英語の習得の進め方、目標とは全く異なりビジネスパースンは実用レベルの英語を身に付けていなければスムーズな業務の遂行は出来ない現実を見るべきであるし、また目標を設定してその英語レベルに達することを一定期間内に実現するように行動しなければならない。

英語ではないのだが、駐在員の言語に関して驚いたことがあった。私は高校の同窓会で、ある同級生に何十年かぶりで会ったのだが、彼はとある大企業のメーカーに勤務していて、その時点で既に中国・上海に17年も駐在しているとのことだった。それを初めて知った私は、彼に「それなら中国語(上海語或いは北京語)はもうペラペラなんだろうね」と聞いてみると、「いやぜ~んぜん」と即座に返して来たのだ。それは謙遜して言っている口調では全くなく、ハナから現地語など覚える気はない、また覚える必要もないとでも言いたいような口調だった。社名を聞いたら誰でもすぐに分かるような有名企業である。彼がどういう立場で現地に駐在しているのか、どのような職場環境にいるのかは宴会の席で聞くのは無粋なことでそれ以上突っ込んだ話はしなかった。しかしたとえそれがどんな環境であっても中国で事業に従事しながら20年近く住んで働いていれば現地語を身に付けるのは最低限の職務であり、義務であろうと思う。またその努力すらしないのはビジネスをさせてもらっている相手国や国民に対して無礼ですらあると思う。そもそもそれだけ長期に亘り住んでいて現地語を理解しないとなると業務だけでなく、日常生活も不便であり、それがひいては業務にも影響を及ぼす可能性がある。そんな状況を許しているその企業の問題であるのか、それとも彼が特殊な考えを持った人物なのかを更に確認することは出来なかった。しかし私はこれまで様々な企業の海外駐在員を見て来たが、この例は必ずしも珍しいものではない。例えば私の親しい知人は大手商社の課長クラスの頃にベトナムに6年間駐在したが、ベトナム語は一切習得しなかったとのことである。その人は国立の外国語大学出身で、ベトナム語専攻ではないにしても、本来外国語の習得には抵抗はないはずである。

そして同氏とベトナムに一緒に出張したことがあるが、彼は実際に現地の人にベトナム語で話すことは一度もなく、かなり怪しげな英語で用を済ませていたのである。この数例で全てを語る訳には行かないが、日本人駐在員の厳しい現実であることには間違いない。

因みに別の大手商社では中国駐在が決まったら中国語の習得は必須科目となっている。個人によってレベルの差はあるが駐在直後から一定水準の中国語会話が出来ることが前提となっているし、会社の費用で中国に留学した上で中国駐在になる者も多くいる。業種にもよるだろうが、そういう厳然としたルールを敷いている企業がちゃんとあるのも事実だ。

ビジネスパースンは一般の社会人とは異なる意味で英語、或いは必要とされる現地の言語の習得は必要不可欠である。

その習得方法は、例えばこの本に書いてある方法（第3編参照）を倍速で、集中的に行うことだろう。ビジネスパースンは何十年もその仕事に従事し続けるのだから時間をかけて更に上達させていくという心構えも同時に必要である。一旦最低限の英語力を身に付けたらまた一方では時間をかけてその英語の内容を洗練させていく、上達させていくということだ。努力や改善にはこれで終わりということはない。継続が必要である。特に言葉は定期的に使ったり覚え直したりしないと加速度的に忘れて行くので、常に維持・再生が欠かせない。

６「日本人英語」はやめる

前述の通り英語を話せるレベルは人によって大きな差があり、それはそれで良いと思う。人それぞれ目指している英語のレベルは異なるだろうし、置かれた立場によって要求される英語のレベルも違うだろう。更に年齢によって身に付けている度合いが違うのは当然である。例えば仕事において同じ業務のプレゼンテーションをする場合でも入社数年目の若手社員と15年目の中堅社員で内容の洗練度や熟練度が全く違うのと同じである。だから「社会人の英語」といっても20代と30代と40代では水準も内容も違っていて当然だし、それを気にする必要はない。また同じ年代でも人により差があっても全く問題ない。自身の目標レベルや学習期間は人それぞれである。

ただ英語表現の内容でいうと「日本人英語」のままでは駄目である。「日本人英語」というのは何か。それは日本ではよく使われていても、英語を母国語とする人が聴いたらやや違和感がある、或いは正確に意味が伝わらない、いわゆるジャパニーズ・イングリッシュのことである。この本の「はじめに」では逆の例として海外においては当然のように使われているのに日本では使われない英語表現の例を挙げた。英語を母語とする国で常識的に使われている表現は積極的に習得すべきである。但しスラング（俗語）は別である。飽くまで正統で使われる頻度の高い表現のことである。ジャパニーズ・イングリッシュとは、例えばよく知られているような、痩せているという意味で「スマート」と言ったり、「果敢に取り組む」という意味で“challenge”という単語を乱用したりといった単語の誤用という程度のことではなく、日本語的発想からつくられた英文である。例えば初歩的なレベルだが次の英訳はどうだろうか。

①（職業を聞かれて）「私は学校で算数を教えている」I am teaching mathematics at school.
② あなたは英語を話せますか。Can you speak English?
③ 私がこの営業部の担当者です。I am in charge of this business department.

以上のどれも一般の日本人が犯しやすい間違いである。正しい表現は次の通り。
①は日常の習慣や行動を表す文であるから、現在進行形でなく現在形となる。

I teach mathematics at school.

が正しい。

②も今英語を話せるかを聞いているのではなく、英語で会話を日常的に行えるのかを尋ねているから現在形だ。

Do you speak English?

となる。

③では in charge of this department というと、この営業部の責任者、つまり部長ということになる。この文章では若い担当者の言葉と類推されるので、

I am a member of this department.（私はこの部の部員です）

くらいが適切と思われる。特に日本語の「担当者」という言葉と概念は日本独特のもの

なので英語で言う時は要注意である。このような日本独特の用語は他にもあり、そういう言葉を英語に訳すときはその意味をしっかり考えて英語に置き直す必要がある。

また「はじめに」で取り上げた、空港などで「どこに向かっているんですか」と聞く時に、

Where are you going?

というのも日本語英語の典型だろう。

先に挙げたchallengeという単語では、非常に危惧するエピソードがあるので紹介したい。

このchallengeという言葉はもちろん日本語ではチャレンジと表記され、何故か日本企業の経営者が好んで使う言葉である。日本語で使用されるチャレンジはほぼ「挑戦」という言葉と同義で使われているようである。しかし本来の英語の意味からはかなり逸脱して使われていることが多い。

英語のchallengeの本来の意味は「決闘の申し込み」のことである。つまり「挑戦状」であるところから日本語の「挑戦」と同じと解釈されて、チャレンジ＝挑戦という単純な置き直しで使われている訳である。しかし元の英語では「戦いに挑む」という本来の意味から、難題に立ち向かうというニュアンスとなり、「異議を申し立てる」という意味となる。また名詞としてのchallengeはビジネスでは、It's a challenge.（それは難しい問題だ。）というふうに大抵「難題」という意味で使われる。

しかし日本語の方の「挑戦」は「決闘の申し込み」という意味からは逸脱して、使用が格段に広がり、かなり軽い意味で使われることが多い。例えば「この問題は面白そうだからチャレンジしてみようかな」や「来年はマラソンにチャレンジしよう」などの使い方である。しかしマラソンにチャレンジする、という言葉を英語でI will challenge a marathon. ともし直訳していうと「私はマラソンには反対する」と、元の日本語とは全く逆の意味になってしまう。メジャーリーグベースボールの試合で導入されている、審判の判定に対するchallengeとは、「異議、反対」という意味だ。

また裁判で、challenge the verdict. というと、「(陪審員の) 評決に異議を唱える」という意味であり、challengeの意味が日本語のチャレンジとは全く異なることが分かる。

但し日本語のカタカナで「チャレンジ」と書かれる分には外来語の日本語表記であるから、ネイティブスピーカーの目にも触れにくく、多少大目に見てもいいのかも知れない。しかし、もし企業の重要なミッションステートメントやホームページなどでchallengeという英単語を使って前記のようなことを述べてあればそれは大きな誤解を呼ぶか、真意が伝わらないことになる。

ある日本企業で、社名の英語の略称にかけて社名と並んで表記されている、

"Challenging Tomorrow's Change"

というスローガン（キャッチフレーズ）を見て私は違和感を覚えた。このメッセージの頭文字（CTC）が同社の英語表記の社名となっている。類推すると、このメッセージは日本語で「明日の変化に**挑戦する**」という意味で作ったものなのであろう。将来の変化に果敢に取り組んでいくという覚悟を示そうとしたのに違いない。しかし先述の通り、英語のchallengeは日本語の「挑戦する」と同義ではない。往々にして寧ろ反対の意味を持つ。つまりこのメッセージは、「明日の変化に**対抗する**」と捉えられ得る。つまり将来どんな変

化があっても、自分たちは変わらずに「社会の変化に抵抗して行こう」という意味となる。もちろん世の中の変化に流されないという意味でキャッチフレーズとして使っているのであれば問題ないのであるがそうではないだろう。本来掲げたかった会社の意思と違って使っているとしたら残念なことであり、海外では正しく理解されないだろう（というより本意も分かりにくい）。

ここでも問題は日本語で「チャレンジ」と表記する分には良いかも知れないが、一旦英文でchallengeと書いてしまうと本来の英語の意味となることだ。

この会社が本来訴えたかった主張が海外では全く違ったものとして捉えられてしまうことになる。少なくとも会社の重要なメッセージや訴えたいことを伝える際は正確に言葉を選ぶべきで、このような誤解を生みやすい英語表現は避けるべきであろう。

こういった例は枚挙にいとまがないが、例に挙げた表現は「日本語英語」といえ、日本語の発想から英語を捉えている典型的な表現であり英語を母国語とする人たちには違和感を生じさせる。

そうならない為には後述の通り、出来るだけ多くのネイティブスピーカーの英語、且つ

「正統（authentic）な英語」に触れるようにすることである。

日本人が使う英語、日本人が書いた英語ばかりに触れていると、それが英語として正しいのか間違っているのか確かめずに使い続けてしまうことになりかねない。それを防ぐ為には英語を母語とする国（米英など）で描かれた英語に習慣的にそして積極的に触れることが必要だ。

しかし日本で目にする英文、英語は往々にして日本人が書いたものが多い。それに慣れて正しいと思って使っていたら実際に米国などで使われている英語の文章とは全く表現が違っているということが多い。また現地の「本場の英語」が却って読めなかったり、理解出来なかったりということになりかねない。次にその具体的な例について述べてみる。

7　「会社英語」＝「日本人英語」である

読者の中には会社勤めの方も多いと思う。会社で海外とのメールのやり取りで英語を使うことも多くあるだろう。特に入社したての頃は、会社で使われている英語や身近な上司の書く英語は大いに参考になり、それに倣って同じような表現を使って自らメールや、資料で英語を書く機会が増えて行くだろう。

しかしここで注意する必要があるのは、日本の会社で使われている英語は「日本人英語」の場合が多く、それは海外、或いは英語を母国語とする人たちには通用しないか、或いは別の意味に捉えられることがあることだ。それがたまたま通用する場合も、海外にいる相手が日本人社員であったり、日本企業との付き合いが長く、「日本人英語」に慣れている外国人だったりするのだ。特に東南アジアでは長い間経済的に日本企業が強大な影響力を持っていたこともあり日本企業や日本人に対する敬意があり、かなりブロークンの日本語英語が通じやすかったという特殊事情がある。しかしそれは英語の本場である米・英やそれに準ずる欧州諸国では「通じない英語」であって決して正統な英語ではないから使用するのは注意を要する。長い間の惰性で使っていると間違った英語であることに気付かず、例えばそれまで使っていた英語のつもりがアメリカ人と話した時に全く通じずに言った本人が戸惑ってしまうことになりかねない。

一般に日本では学校を出て社会に出るまで、つまり会社に入社するまで英語で海外とのやり取りをした経験がない人が多い。そこで社会人として会社に入るとどうしても先輩社員の書いた英語、或いは会社全体で使われている英語に学び、それを対外的に使用してしまうのは無理からぬことだ。私もそのような経験を経た一人である。

しかもその表現や慣用句が長い間、その会社では正しい英語であるかのように幅を利かせ当たり前に使われていると、まるで「正統な英語」のように思えてしまう。

私がこれまで実際に見て来た社内用語的な英語の表現で、海外では通じない、或いは正確な意味が伝わらない英語の例を一部挙げると次のようなものである。

それぞれの日本語に、日本の会社などで使われていた英語を充てる。

①　担当者：a person in charge
②　現地社員：local staff（或いは）national staff
③　（メールなどで）コピー（cc）を入れる：drop a copy (to someone)
④　テレビ会議：TV meeting
⑤　（若手）担当マネジャー：manager
⑥　（プレゼンテーションなどで）「例」：ex.
⑦　名刺：name card

などなど、もっと例は多い。

ではそれらが日本語英語だとしたら正しい英語表現は分かるだろうか。

もちろん時と場合により使う単語、表現があるので答えは一つではない。ここでは細かい解説はしないが、ひとつの解答例を挙げると、

① 担当者：representative（前述の通り日本語のいわゆる「担当者」にぴったり当てはまる英語はない）
② 現地（採用）社員：(アメリカ人の場合) American employee (s)
　＊但し「現地社員」という言い方自体が日本語独特の言い方で、差別に当たるので使用しない方が良い。
③ (誰かに) コピーを入れる：(動詞で) copy someone 或いは cc someone
　＊過去形で「コピーを入れた」は cc'd となる。
④ テレビ会議：video conference
⑤ (若手) 担当マネジャー：＊英語の manager は部署を任された管理職や、組織の長を意味する。従って日本語で若い担当者を「マネジャー」と呼ぶときの英訳は困

難なので適切な訳はない。因みに野球メジャーリーグベースボールでmanagerといえば選手に対し絶対的権限を持つチームの監督のことだし、アメリカ合衆国のmanagerといえば比ゆ的に大統領のことになる。

⑥ 例：e.g.（exempli gratia：ラテン語）

⑦ 名刺：business card（＊name cardは正に「名ふだ」のことになる）

これらは殆ど英単語、熟語という短い英語の例だが、文章となるともっと深刻な「日本語英語」は多い。こういった間違いや思い込みを直すにはどうしたら良いだろうか。それは次章で述べる通り、「正統な英語」に出来るだけ多く触れるようにすること、そしてその正統な英語を積極的に使うことを心がけることである。そして英語による会話だけでなく、正統な英語を書く技術も身に付けたい。後段で述べるが、その為には一定以上の英文を習慣的に読む必要もある。その上でソーシャルメディアやメールなどで英文でのやり取りを行うことで英文を書く練習も奨励される。

尚、前述の通り英語を母語としない国や地域で使われている英語（私の経験では特に東南アジア）は正統な英語でないことが多いので要注意である。そのような「英語」を身に付け定着してしまうと、後で本当の英語圏に行くと、最初からやり直さなくてはならなくなるから苦労するし、二度手間となって時間がもったいない。

第2編　英語の効用

1　常に正統な英語に触れる

正しい英語を身に付けるにはどうすれば良いか。それは使用する教材も含め「正統(authentic)な英語」に出来るだけ多く接すること、「英語を母国語とする外国人」と接する(交流する)ことである。但し後者に関しては誰でも良いという訳ではない。しっかりした教育を受けた「正統な英語」を話す人たちが対象である。

「正統な英語」とは何だろうか。それは文章的に正しく、書き言葉で言えば公に出版されている様々な書籍や信頼のおけるウェブサイトなどにある英語の文章であり、話し言葉の場合は身近な例でいうと、米英のメディアに出演するジャーナリストたちの英語だろう。公に出版されている書籍は責任ある出版社の文章の専門家のチェックを受けており、書籍の内容や水準にもよるが概ね正統な英語だと言える。米英のメディア、そしてその報道番組に登場するジャーナリストたちは正しい言葉を話すことを職業としており、その為大学でジャーナリズムを専攻したり、或いは言葉の訓練を受けたりしているからだ。だから米英のニュースつまり代表的なＣＮＮ、ＢＢＣを始めＡＢＣやＮＢＣなどのニュースを視聴することで、「標準語」の英語に多く触れることは有効だ。またＮＨＫのＢＳ放送やケーブルＴＶなどでＣＮＮなどの有料放送もあるが、YouTubeでこれらのニュースをチャンネル登録しておけば毎日更新されたニュースを無料で視聴できる。尚、時事ニュースよりも時折行われるインタビューや座談会（パネルディスカッション）などの方が生きた会話英語が視聴できるので、難易度は上がるものの、より自然な会話のやり取りが聴け、参考になる表現が多い。またYouTubeでは英語を学ぶ様々なチャンネルがあり、その中で内容や質の良いものはチャンネル登録してぜひ活用したい。

また、映画やシリーズ物で英語に触れようとする場合、俗語（スラング）の多いアクションものなどでなく、ドラマなどシリアスな内容のものの方がセリフがしっかりしていて勉強になりやすいから、これらの中で質の高い物を選んで視聴すると良いだろう。

実際のネイティブスピーカーと触れ合う際も教育水準の高い人はきれいな英語を話すので、聴きとりやすく、自分の英語を磨くうえでも効果的だ。できるだけ「正統な英語」を話す人たちと交流することを目指すことだ。

また海外との取引のあるビジネスパースンの場合は信頼のおける経営幹部などとの会話が非常に効果的である。一般的に大企業の経営者は高学歴で社会的に認められた存在であり、意識的に洗練された言葉遣いをする場合が多い。また一定レベル以上の弁護士事務所に勤める弁護士とのやり取り（会話及び文書）も大変参考になる。彼らも高学歴であるだけでなく同様に正確な言葉を読み書きすることを職業としており、誤解を与えることを極力避けなければならない立場から、正確な文章を書くことを専門的に訓練されているからだ。必然的に話す言葉も正確で「正統な」英語となる。文章の書き方だけでなくビジネス会話を学ぶには最適の相手である。英語を母語とした、かつ知的レベルの高い人との会話や、書いた文書はとても貴重な訓練の場と考えたら良い。

正統な英語を話す外国人と接する機会をなるべく作り、付き合うことも大切だ。ある程度親しくなると、こちらの英語のおかしな点を直してくれることもある。私も若い頃、時々英語の言い方を直されたが、その時アドバイスしてくれた人たちにとても感謝している。若い頃一度直されたことで、その後何十年も正しい使い方が出来るようになるからこんなに有難いことはない。「聞くは一時《いっとき》の恥」ならぬ、「直されるは一時の恥」と思って、自分の英語を直されることを歓迎すべきだ。

「社会人の英語」を身に付けるということは、きれいで正統な英語を使えるということを意味する。学校の友達同士で使われるスラングまじりの英語などに必要以上に感化されないように気を付けながら、前記で述べたようなことを自分なりに実践し、崩れた（ブロークン）英語、汚い英語、自己流の英語とならないように努めることだ。帰国子女の英語にあこがれる人もいるだろう。偏見を持ってはいけないが例えばアメリカの小中学校に通い覚えた英語はどうしても「小中学生の英語」であるからカジュアルすぎる場合が多い。社会人として、或いはビジネスシーンで使う英語からは程遠いので要注意である。

２　時間をかけて身に付ける

書店やインターネットでよく見かける「３か月で英語がぺらぺらに」などといった、超短期間でまるで英語がマスターできるというようなうたい文句に惑わされないことも大切だ。

普通の人間が３か月で出来ることは限られていて、膨大な量の英語の表現を短期間で身に付けるのは不可能である。既に海外駐在が決まっているなどという差し迫った理由がない場合そもそも英語を短期間で身に付ける意味はあまりない。

よく考えてみよう。生まれたばかりの乳児が幼児になり、1〜2歳で徐々に日本語を話し始め、まともな会話が出来るようになるのは、個人差もあるが4〜5歳ではないだろうか。幼児の言語習得能力は極めて高い。これは人類が生きて行く為に必要なことであるから、2〜3歳までに親の言うことが理解出来るようにDNAが備わっている為だ。それ程高い言語習得能力があり、且つ毎日周りの大人（親族や幼児施設の大人など）から大量の日本語を吸収し続けても4〜5年掛かる訳である。また更に高度な日本語で表現が出来るようになるのは一般的には成人になってからだろう。つまり生まれてから日本語を毎日聴き続け、言葉のやり取りを続けて20年かけて完成するのだ。

ましてや成人が日本語以外の外国語を自由に話せるようになるために訓練する場合、人によって学生時代の英語学習を含めたとしても10〜20年かかるのは当然のことであり、それを僅か数か月で習得するということに信ぴょう性はないだろう。例えば英語である程度の会話が出来て、自由に話せるという為には、例えばI was so impressed with your presentation today.（今日のプレゼンテーションにとても感銘を受けました。）などの典型的な表現や慣用句を場面に応じて数百種類言える必要がある。それを３か月で覚えることはほぼ不可能だろうし、また一旦覚えても３か月経つ頃には初めの頃に覚えた表現は殆ど忘れているのである。

言語を学ぶ過程では長い年月を経て何度も繰り返し決まったフレーズを使うことで少しずつ慣用句や表現が蓄積されて行く。もちろん言い方が少し変わることで更新される表現もあったり、時代と共に表現が変わったりするから、新たな表現を取り入れて行くことになり、それは一生続く。新たな言語をマスターすることに終わりはない。後述するが自分が覚えやすい表現、使いやすい表現を蓄積していけば自ずと英語表現力が付いて来る。「社会人の英語」は半年～1年という単位ではなく、10年、20年という歳月をかけて磨き上げながら身に付けて行くものである。

3　英語が分かると世界が変わる

英語が理解出来て話せるようになると世界が大きく広がって行く。英語が話せるといっても人によってそのレベルには大きな差があり、ビジネスパーソンであれば英語で商談や契約交渉が出来るレベルが求められるだろうし、一般人であれば一人で海外旅行に行っても困らないレベル、外国人に日本のことをある程度説明出来る、或いは日常会話が出来るレベルでも良いだろう。特に米英人やカナダ人、オーストラリア人など以外の、英語を母語としない外国人とも英語でコミュニケーションが出来るレベルになれば話す対象となる相手は何十倍にも増えるから世界はぐんと広がる。英語を母語とする外国人は一般に非英語圏の人の特徴のある英語にはある程度慣れていて免疫がある為、多少聞きづらい話し方や発音でも聞き取ってくれるし、反対に彼ら自身の正統な英語はこちらも聞きやすい。一方で世界には英語を母語としない国の数の方が圧倒的に多く、もし日本人がそういう非英語圏の人たちのそれ程上手でない英語を理解して、自分の英語も彼らに理解してもらえて会話が成立するようになれば遥かに多くの人、即ち世界の人口の何割か、つまり数十億人の人とコミュニケーションが取れるということになる。それは晴れて「グローバル市民」の仲間入りをするということだ。

この本の冒頭で世界は英語で埋め尽くされているということを述べたが、特にインターネットの世界では英語があふれており、英語で書かれたり、語られたりする情報を自由に取り入れることが出来れば情報源は無限に広がる。原語のまま理解出来れば他人よりもより有益な情報をより早く得ることも出来る。しかもそれは海外諸国では普通に行われていることだ。

逆に日本語だけの情報では世界の「辺境」の情報のみに偏ってしまうことになり、直訳された情報、古い二次情報、或いは偏った情報を得ていることにもなる。

情報に限らず、映画やドラマシリーズや楽曲でも英語で制作されたものが世界の主流となっているし、アメリカのエンタテインメントの技術力、構想力、影響力は世界の中で群を抜いており、これに英語の生まれた国である英国の映画、ＴＶドラマや楽曲も加わると更に全体に占めるシェアは大きく、これからも英語によるエンタテインメントが世界の主流であり続けるだろう。そしてこういう英語で制作された映画やドラマを日本語吹き替えなしで（完全に理解しなくても）楽しめるようになるのも英語習得のメリットのひとつであるし、英語によるコミュニケーションで人と交流する世界が広がることに加えて、エンタテインメントという楽しみも広がる訳だから、これはボーナス（余禄）と言えるのではないだろうか。

また一定程度の社会人の英語を身に付けた人にはもう一つ挑戦して欲しいことがある。

それは英文を読みこなすことである。社会人の英語でまず最初に目指すべきことは、相手の英語を理解することであり、自分の言いたいことを英語で表現できることであるから、これは会話のことを指している。

しかし英文の理解も「社会人の英語」の重要な要素である。英文が理解出来なければ、それを話すことは出来ない。会話の為の短い文章だけでなく、書きものとして書かれた英文を読むことも大切なことである。その為には例えば何かを調べる為にウィキペディアを利用するような場合、英語で語句を入れて検索し、出て来たウィキペディアの日本文でなく、英文の方を読む癖をつけてみるのも良い。辞書を引きながらでも結構。最初はとっつきにくい英文も長く継続して触れることで慣れていく。

出来るだけ多くの英語の文章に触れることで、語彙も表現も広がって行く。インターネットで英文のサイトが目に入れば、それを避けるのではなく、そのまま読んでみよう。DVD或いはネットフリックス、アマゾンプライムビデオなどサブスクリプションでアメリカ映画を観る時に英文字幕（サブタイトル）に設定したら、言っているセリフが英語で表記されるので表現を覚えるだけでなく、英語を読む練習にもなる。

インターネット上の英文から始まり、ペーパーバックなどの軽い本を読むことをお薦めする。自分の好きなカテゴリーの本から始めれば入り易い。例えばミステリー、ロマンス、サスペンス物などである。主人公たちが交わす言葉は英会話の勉強になる。私は長い間サラリーマンをやっていたことから、ビジネス、経済の本は英語の原書で読むように心掛けていた。そこから発展し、歴史、地理、健康、科学などにカテゴリーを広げながら本を読み漁った。もちろん辞書を引きながらであるが、慣れて来ると辞書を引かなくても良い単語が増えて来るのが実感出来た。またビジネスパースンの方にお勧めするのが、ビジネス雑誌Bloomberg Businessweekである。かつては単にBusiness Weekと言っていたが、大実業家のBloomberg氏に買収されてこの名前となった。英語の勉強になるだけでなく、日本より一歩も二歩も進んだアメリカのビジネスのトレンドが掴めるし、自身の仕事のヒントにもなる。また新しく生まれる言葉を覚えることが出来て役に立つ。ビジネスパースンにとって大変有意義である。

また当然ながら英語が理解出来て話せれば世界中どこに行ってもほぼコミュニケーションに不自由しないことになり、旅行や出張のストレスが劇的に減り、不便さや不安の少ない楽しい旅行が実現できる。世界中の殆どのホテルや観光地の案内所はもちろんのこと、商店やレストランではほぼ例外なく英語でサービスが受けられるからである。海外の観光スポットでの説明もその国の言語と、その英語訳で書かれていることが多い為、日本語のガイドブックではなく、現地の説明文をそのまま読んで情報が得られるのは大きなメリットである。

また海外を旅すると、空港には書店が必ずあり、そこに置いてあるのは間違いなく英語のペーパーバックやハードカバーである。私も英語の本を読んでいなかった頃はそれらの書店は何の意味も持たず、空港のアクセサリーくらいにしか見ていなかったが、英語で本を読み始めてからは突然、それらの書店が情報の宝庫、つまり宝の山に見えるようになった。自分が読んだ本がベストセラーとして店頭に並んでいたり、また世界では他にどんな本が売れているのか、内容は面白いのかと、積極的に本を手に取り、実際に買うようになったりした訳である。それからは空港ターミナルの景色が変わったといえる。

英語が分かれば海外で人と接することが億劫でなくなるし、見える景色も変わって来るのである。

4　英語で経済を発展させた国

ここで少し視点をぐっと引いてもっとマクロ的な広い視点で英語の効用を見てみよう。英語の習得が社会に及ぼす影響を国というレベルで見てみると、国民の英語レベル、つまり習得度がその国の経済発展に繋がるという現象が見えて来る。そういう例は世界中を見渡せば、特に英連邦の国などに多く見られるのだが、ここでは身近なアジアの2か国の例を見ることにしよう。

①『英語が苦手な国民』を返上した韓国

私が以前個人的に衝撃を受け、今でも記憶に残るテレビ番組がある。

2010年代半ば、NHKの番組で中国、韓国、日本の学生それぞれ10名ずつがスタジオに集まり、国別に分かれて座り、様々なテーマについて意見を述べ合うというものがあった。英会話の番組ではないのだが、共通の言語として英語を使用するという設定で、英語による進行がなされ英語を随所に取り入れた番組であった。興味深かったのは中国の学生はほぼ全員が英語で受け答えをしていたこと、そして韓国の学生は10人中2人を除いてあとの8名はレベルの差はあったが英語で答えていたことだ。日本の学生はちょうど韓国と逆で2人が英語で受け答えをし、残り8人は日本語で話していた。日本の番組だったので日本人メンバーが母国語（日本語）で話すことを許されたのかも知れない。その状況を見て私は何とも言えない複雑な気持ちになったのだが、日本の教育者を始め、他の視聴者はどう感じただろうか。特に日本の政治家や企業経営者は、日本の将来に警鐘を鳴らすようなこういう場面を観て危機感を覚えなかったのだろうか。

この3か国の学生の英語への対応力はそのまま当時の私が想定していた状況とほぼ一致していたのだ。想像はしていたがそれをTVという公共媒体で目の当たりにしたことで一種の衝撃を受けたのであった。現実を思い知ることになったと言ってもいいかもしれない。即ち当時の私の印象は、中国人は一般的に英語の習得が早く、一定水準以上の教育を受けた人は殆ど英語が話せる。韓国は中国ほどでもないが、かつてと比べてかなり英語の習得が進んでいる。しかし日本人（学生）は以前とほぼ変わらず、英語で意見を言うことが出来る人は例外的であり、かなり少ないというものだった。この番組ではその実態が見事に反映されていた。中国人の英語学習速度は速く、韓国人は速度はともかく、英語を話せる人が多いという私の認識は個人の勝手な思い込みではなく、現実なのだろうと実感した。

この事実は第1編第2章で示した日本人の英語力低下ともぴったり符合している。

しかしこのように差がついたのは最近のことであり、実は20世紀の終わりまでの長い間、つまり１９９０年代まで韓国人の学生は日本人学生と同じように概して英語が苦手だった。当時よく引き合いに出されたのは、アメリカの大学への留学生で教室の一番後ろに座って大人しくしているのは大抵日本人か韓国人の生徒であるというのが定番であった。先生に指名されるのを恐れて教壇から最も遠い席に目立たないように座っていたのだった。当時は韓国人も日本人と同様に英語に対する一種のコンプレックスを抱えていたのだ。

しかしその後韓国は大きく変わった。１９８２年まで、戒厳令下にあった韓国は1人当たりＧＤＰが日本の数分の一しかなく、まだ先進国の仲間入りも出来ないでいた。しかし韓国政府はこのままでは国の経済の成長がままならず、世界と伍していくことは出来ずに置いて行かれるという危機感から国策として英語修得に非常に力を入れた。それは特に２００８年に大統領に就任したイ・ミョンバク政権の時に顕著であった。小学校から外国人教師を入れて英会話を導入、また大学生になる前の小中高生に海外に早期留学をして英語を身に付けることを奨励した。それは瞬く間に韓国中に広まり、多くの家族が父親を韓国に残し、母親が子供と一緒にアメリカなど海外に住むという社会現象が起きた。また街なかでは英語塾が盛んになった他、英語だけで生活する「英語村」が各地に出来、多くの若者が参加した。こうして誰もが英語を身近なものとして意識するようになり、英語を話せる韓国人の割合が一気に増えたのである。国としての危機感が国民の背中を押して、この成果に繋がったのである。

国を挙げて留学を奨励した結果、どうなったか見てみよう。

２０２１〜２０２２年に米国の大学に留学している韓国人学生は約４万人で、アメリカでの国別留学生数で３位である。これに対し、同時期の日本人留学生数は１・８万人で国別では８位となっている。韓国人の留学生数は絶対数で日本人留学生の２・２倍だが、日本の人口は韓国の約２・４倍（２０２４年）であるから、韓国人のアメリカ留学者の人口比は日本の5倍以上ということになる。韓国人の留学生の行先はアメリカだけでなく、英国、オーストラリアなど他の英語圏や非英語圏への留学も当然かなり多い事が推定される。これにより韓国全体として英語（或いはその他の外国語）の習得率が飛躍的に向上したことが分かる。

因みに第1編で示したＥＦによる２０２４年英語能力ランキングでは日本の92位に対し

て韓国は50位にランクされており、これはイタリア（46位）、フランス（49位）などヨーロッパの主要国とほぼ同じレベルである。

韓国国民の英語能力が向上して行った時期と重なるのが韓国大企業、即ち財閥グループの国際競争力の向上と事業規模の拡大、ブランド力の浸透であった。サムスン、LG、SKなどの電子・電機に強い巨大財閥グループや現代自動車に代表される現代グループは今や押しも押されもせぬ世界有数の大企業であり、高いブランド力を有している。事業規模も大きく、２０２３年は半導体不況で下がったものの、その前年の２０２２年で比較するとサムスン電子の売上額は約33兆円（３０２兆ウォン）あり、営業利益は約４・８兆円で、これは同年の日立、ソニー、東芝、三菱電機、パナソニックという日本の主要電機メーカー５社の営業利益を合計した額約２・７５兆円を上回る規模である。また現代グループの自動車生産台数はトヨタ、フォルクスワーゲン（VW）グループに次ぎ世界第３位に付けている。

これらの巨大財閥グループが世界の舞台に躍り出て急成長を遂げたのは、１９９７年のアジア通貨危機を経て財閥が構造改革を進め、不採算事業の整理や海外投資の拡大を推進したことによるものであるが、特に2000年代にサムスン電子では半導体、液晶パネル、家電事業の飛躍的成長があり、2010年代にはLGブランドもこれに加わり、その後も携帯電話などの通信事業の躍進が加わり一気に韓国企業の名前が世界に浸透することになったのである。

先に韓国の英語能力の向上は2000年前後に始まり、2010年代に浸透していった経緯を述べたが、韓国財閥グループの世界での浸透の時期と符合するのである。

因みにこれとは対照的に21世紀に入ってから日本企業はエレクトロニクス分野で苦戦を強いられるようになっている。冒頭に示した日本人の英語能力の低下と日本企業の競争力の低下もほぼ同じ時期に起きていることと妙に符合しているのは偶然の一致とも思えない。

エンタテインメントの世界に目を転じてみる。2010年代後半、一世を風靡した韓国人のK-PopグループであるBTS（防弾少年団）は、英語を始め数か国語でファンへ語り掛けることが出来、英語で歌うだけでなく、コンサートでは自ら英語で進行出来るのでアメリカでも受け入れられて大人気となり、ホワイトハウスに呼ばれるほど大成功を収めた。日本人のポップグループで同じことが出来るチームはいないのではないか。音楽の世界でも最大の市場であるアメリカで一定以上の人気を得るには英語を話せることは必至なのだが、日本の芸能事務所は韓国のように所属の歌手に英語を習得させてアメリカ市場で成功させようと試みるところはあまりない。

CNNを観ていても、ソウル市で街角インタビューをすると英語で受け答えする市民の割合が高い。同じようなインタビューが東京で行われると、英語で受け答えする市民は稀である。

韓国の女子プロゴルファーも英語でのインタビューをこなせる選手が多いが、日本の女子プロではフィリピン人とのハーフの笹生優花くらいしか思い浮かばない。ゴルフが個人競技であり、基本的には自分との闘いであるから、英語によるコミュニケーションの必要度がチーム競技に比べると高くないことから日本人プロゴルファーは英語を習得しようというモチベーションが上がらないのかも知れない。しかし韓国人女子プロゴルファーは抵抗なく英語を身に付けている。

一方、海外で活躍するJリーグ出身のサッカー選手の英語、或いは現地語の習得度は高い。TVのインタビューで中田英寿氏の英語を聴いた時、ネイティブスピーカーと全く遜色のないレベルで驚いたことがある。現在アメリカで活躍中の吉田麻也選手の英語も大変きれいで全く問題はない。

更に10歳からスペインでプレーして来た久保建英選手のスペイン語は私は分析する資格はないが、どう聴いてもきれいなスペイン語であり、それを早口でまくし立てるのには驚く。

小学生からスペインでプレーした久保選手は例外として、他のJリーグ出身の選手も社会人として外国のチームに移籍したのだが、サッカーは、チーム競技である以上早くそのチームの一員となり、ゲームでのチームプレイを円滑に行う為に英語、或いは現地語を話せるかどうかは選手として死活問題であり、必死の覚悟で言葉をマスターしたのであろう。外国語をマスターすることにおいて如何に目的の明確さと意識の高さが重要かが分かる好例だと言える。


しかし前に述べた、韓国が行った英語上達の施策は、どれも日本でも行われている事ばかりである。円安の影響もあってか日本人の米国留学生の数は減っているのだが、国内では「インターナショナル幼稚園」を始め英語で学童保育を行う事業は増えており、英会話学習は益々盛んになり、また学び始めの弱年齢化が急速に進んでいる。にもかかわらず冒頭に示した通り、日本人の英語レベルは寧ろ長期にわたり低下する一方だ。

日本とはそれ程変わらない英語教育の環境下で、何故韓国の若者が英語を習得出来て、日本ではそれが追い付かないのか。もちろん韓国ではイ・ミョンバク大統領という海外留学経験のある国のトップが積極的に働きかけたという要因も無視できない。しかし日本があっという間に韓国に先を越されたのは何故か。その最大の要因は前述の通り両国における危機感に基づく意識の差の表れと思われる。かつての韓国は今とは異なり、先に述べたように20世紀の終わりまで先進国の手前で足踏みしており、このままでは「中進国の罠《わな》」に陥り、埋没してしまう、日本との差も縮まらないという強い危機感が国民の背中を押したのではないだろうか。

もう一点は経済合理性といえるのだが、母国語に加えて外国語を習得する必要性の高さは、経済規模と反比例するということがある。つまり経済規模の大きな国は自国の市場が大きいことや文化の広がり、深さもあって外国語習得の必然性や動機は小さくなりがちである。世界最大の経済大国アメリカが良い例だろう。アメリカ以外の国と比べアメリカ人の外国語習得のインセンティブは低くなりがちだ。ヨーロッパでも大国フランスはフランス語やフランス文化へのこだわりが強く、英語をぺらぺらとしゃべることを潔しとしない風潮があるのはよく知られている（2024年のEFランクでは49位）。一方で経済規模が決して大きくないベネルクス3国（ベルギー、オランダ、ルクセンブルク）や北欧スカンジナビア諸国の国民は英語を話せる国民が多い事で知られる。日本もかつてに比べると相対的に小さくなったとはいえまだ経済大国である。人口も1億2千万人を超えており、ヨーロッパで日本より人口の大きな国はない。日本独特の文化へのこだわりも強い。そういう国はどうしても外国語習得に後れを取りがちなことは現状が示すとおりである。

人口が日本の約40％で市場規模があまり大きくない韓国国民が英語の必要性を一旦認識すると瞬く間に能力を向上させたのは当然なのかもしれない。

2000年代以降の韓国の米国留学生たちは、かつて身を小さくして教室の後ろに陣取っていた学生たちとは違い、英語はもちろんのこと、米国の大学や社会のイノベーションの気風、気質をも貪欲に学び、自らが国家の危機を救いたいという熱意にあふれた学生たちだったのではないかと思う。

国家の危機が国民の意識を変え、特に若い人たちの気持ちを高ぶらせたということである。外国語の習得の成否は意識の高さの問題だということがこれを見ても明確に分かる。

日本のように恵まれた環境にいても、ただ漫然と英会話学校に通ったり、英語の動画や放送を聞き流したりしているだけでは言語は習得出来ない。課題を克服しようという強い意志と、習得した後どう活用するかという具体的な目標、それに向かって実際に前に進むという覚悟と意識が重要ということになる。

21世紀に入ってからの韓国の財閥グループの躍進を見ていると国民の英語能力の改善、向上はその国の企業の競争力を高め、国の経済を発展、成長させることに繋がって行くと言えないだろうか。

② 英語を公用語にして国を発展させたシンガポール

国民に英語を普及させることにより経済的に成功したもう一つの国の例としてシンガポールがある。シンガポールの場合は成功という簡単な言葉では片づけられないほど経済の発展は目覚ましく、１９６０年代の近代化の遅れた小さな島国から今はれっきとしたグローバル国家であり東南アジア随一の高所得国となり、２０２３年時点の１人当たりＧＤＰは$83,700に達し日本の$33,800の約２・５倍であり、世界第5位となっている（ＩＭＦ

調べ)。

その政策は同国初代首相(在任1965~1990年)リー・クアン・ユー(Lee Kuan Yew)氏の強烈なリーダーシップの下に進められ実現した。

1965年にマレー連邦(現マレーシア)から独立したシンガポールは日本にも似て天然資源のない小さな島国であった。日本は既に高度経済成長時代に入っていたが、シンガポールは国際港としての役割はあったものの、国としては近代化の遅れた熱帯の島に過ぎなかった。

そんなシンガポールを東南アジア随一の先進国として高所得国に押し上げた原動力となったのは英語教育であった。

シンガポールは1960年代当時から華僑(中国系)、マレー系、インド系などが住む多民族国家であり、学校はそれぞれの民族ごとに分かれ、中国(福建)語、マレー語、タミール(インドの一地方)語でばらばらに教育が行われており、英語を話せたのは一部の英国系学校を卒業したエリート層やそこに通う子弟だけであった。しかし1965年に同国初代首相に就いたリー・クアン・ユーは通商、外交、科学の世界におけるグローバル言語としての英語の重要性に早くから注目し、国民の英語教育の浸透を図る政策を打ち出した。もう一つの狙いとして異なる民族がひとつの共通の言語を通してお互いが交流、意思疎通し理解し合えるようにする目的もあったであろう。早速１９６６年より公教育での使用言語として英語を採用した。国民の大半（70〜80％）を占める中国系国民が使用する言語（福建語や北京語など）でなく英語に定めたところが将来を見据えた卓越した判断であった。リー首相自身が中国系であるのに英国系学校出身、英オックスフォード大卒業であり英語しか話せなかったことも一つの理由だろうし、その為に英語の重要性、有用性を身をもって認識していただろう。学校では生徒はそれぞれ自分の民族の言語（福建語、マレー語、タミール語）と並行して英語で教育を受けることとなった。

それでも当時既に成人していた英語を話さない国民が大半を占めており、国民全員の英語化はあと数十年を待たねばならなかった。そして高等教育の改革と英語化の為、それまで中国語の大学であった南洋大学（Nanyang University）をシンガポール大学と合併させ現在の名門シンガポール国立大学（National Univesity of Singapore）へと発展させた上で、１９８１年に英語で講義を行う現在の南洋工科大学（Nanyang Technological University）を創設したのである。これで同国の二つの主要な大学は完全に英語で学ぶ大学となった。

こうして１９９０年代までには英語で教育を受けた国民が社会の中枢を占めるようにな

り、2000年代には国民の大半に英語が行きわたることになった。

英語が公用語となり、「英語が通じる国」に変貌していく過程でシンガポールは1970年代から徐々に国際社会で頭角を現し、ビジネスがしやすい国、投資対象の有力地となり世界中から資金や人材が集まって来た。多国籍企業がシンガポールに次々と製造拠点を作り、また自由貿易港として輸出入手続きの簡素化、無税化などで加工貿易が盛んになった。先に述べた通り1人当たりGDPではとっくに日本を抜き去り、今や大きな差を付けるまでに豊かな国になった。

シンガポールは前記に挙げたような国の発展の為の様々な施策を行って来たことが経済発展に繋がったのだが、その中でも教育の英語化が果たした役割は大きい。企業や投資家が海外のどの国に拠点を構えるか判断する際に英語が通じるという点が決め手となることは多い。

私は2010年代にシンガポールに駐在していたことがある。シンガポール国民に英語がすっかり浸透していったと書いたが、当時でもまだ一般の国民の英語レベルはそれ程高くなく、しかも“Singlish（シングリッシュ）”と言われる中国語の文法を英語に直訳したような独特の言い方をしていた（例えば、レストランでウェイターに何か尋ねると、"Can!"〈yes の意味〉、或いは"Cannot."〈No の意味〉と驚くような言い方で答えるのは、中国語の「可以〈クーイー〉」、「不可以〈ブークーイー〉」の直訳である)。そんな初めて聞く奇妙な英語に私は当初面食らってしまっていた。発音は語尾が殆ど消えてしまう為、聞き取りづらい。

＊注）特に、中国語も日本語と同様に名詞に複数形がないこともあり、複数形を表す語尾の―s は脱落する。例えば$10 などの金額を言う時、ten dollars と言わず、ten dollar と言うなど、英文法は完全に無視されている。

そんな非正統で不可解な英語を話すシンガポール人に私は度々閉口していたのだが、地下鉄に乗っているとラフな身なりの若者が英語のペーパーバックのページをめくって読書に耽っていたり、中国語の新聞よりも英字新聞 Straits Times の方が圧倒的に多く売られているのを見かけて、英語が広く浸透していることを実感した。一般国民が英語で本や新聞を読む国はやはりグローバルな競争に強くなって当然だし、英語の話せる外国人からすると安心して投資しやすく、暮らしやすいのである。ヘッジファンドで名をはせた米国人投資家のジム・ロジャーズ氏が２００７年にシンガポールに移住したのは、その開かれた金融市場、投資家に有利な税制もさることながら英語が公用語であるという安心感も大きな理由の一つであったことは間違いない。ロジャーズ氏の幼い息子もすぐに現地の学校で英語で教育が受けられ、夫人も日常的なコミュニケーションに不安なく暮らしている様子が当時のメディアで取り上げられていた。

シンガポールが東南アジアの交易のハブとして経済が大きく成長し、国際舞台にその存在が認められ始めたのが1970年代であり、英語教育の全国民への普及の時期と一致している。

また韓国の財閥企業の国際化が一気に進み、国際競争力を付けて大きな成長を遂げた2000年代、2010年代と韓国人の英語化の急激な進展が同時期であるのも偶然ではないだろう。

韓国とシンガポールはそれぞれやり方こそ違うが国民への実用英語の普及を国策として推進し、それを見事に成し遂げ、国の発展につなげたのである。グローバル化した世界で競争相手と伍して戦って行く為には英語が必要不可欠なものであることを認知し、国民の合意を取り付けて（シンガポールは上意下達の性質が強かったが）実施した結果、経済の成功に結び付けたのである。

韓国、シンガポールの例を見ても日本の今後の更なる経済発展は広く国民全体への英語の普及実現に掛かっているのではないだろうか。グローバル社会においては英語を話せる国民が多い国とそうでない国の力の差ははっきりと出てしまう。

5　社会人の英語を身に付けると人生が豊かになる

国レベルで英語の効用と影響力を見たわけだが、これを個人レベルで見たらどうであろう。本書の冒頭に英語は世界の「標準語」であり、日本語はその一方言に過ぎないと述べた。世界の「標準語」をその国の大半の国民が身に付けると前述の韓国・シンガポールの例にもある通りその効用はとても高く、違った世界が見えて来る。

まず英語を母語としている米英・カナダ・オーストラリア、ニュージーランドなどに加え、それとは別に英語を公用語としている国は世界に58か国・21地域ある。従ってこれらの国では英語を話せる限り、仕事も遊びも比較的自由にできることになる。

英語を身に付けることは前述の通り「地球（グローバル）市民」になることであり、前記の場所以外であっても地球上の多くの場所でストレスが殆どなく滞在することが可能だ。実はアメリカ人やイギリス人、或いは母語ではなくても英語を流ちょうに話せる人たちは今でも既にそういうストレスが少ない海外旅行を楽しんでいるのだ。

海外に旅行や出張に出かけ、その国に到着した時、入国審査を英語のやり取りで済ませられることは多い。多くの国において主要なホテルはもちろんのこと、レストラン、商店などでは英語が通じることが多い（もちろん例外も多い）。各地の観光案内所も英語で必要な情報を得ることが可能だ。もし英語に自信がない場合、各国での入国審査の際に必要以上に緊張したり、また知らない街を回る際に不安に思うことも多いだろう。しかしその国の地元の言語でなくても英語が分かるというだけで、その状況は大きく改善されるし、不安感やストレスが相当程度減るので、リラックスして出張或いは旅行にいけるというのは仕事や人生にとって間違いなくプラスに働く。

英語の習得はいわば「グローバル市民」のパスポートを手に入れることになると言ってもいい。

前に挙げた英語を公用語としている国はもちろんのことだが、そうでなくても例えばスカンジナビア諸国、ベネルクス３国（ベルギー、オランダ、ルクセンブルク）など西ヨーロッパの一般国民の英語力は高く、鉄道駅などの主要拠点や街なかで英語が通じることが多いので突発的なことがあっても地元の警察やツーリストセンターに尋ねたり助けを求めたりすることが出来る。また観光地で催行されているローカルツアーも英語ガイドによるものが多いからその選択肢も非常に多くなる（日本語によるツアーは種類も数も限られてしまう）。また各国の博物館・美術館や史跡などに示してある説明文もその国の言語と英語の併記が多く、英語の解説が読めれば多くの場所で自分自身でその歴史的な経緯や意義についての十分な情報が得られるということになる。逆に英語が読めなければ理解する手段は限られてしまう。

＊注）因みに世界で最も親日的な国と言っても過言ではない台湾にある同国最大の博物館「故宮博物院」の展示物には全て英語と中国語（台湾語）に加え日本語で説明が表示されている。但し日本語での説明は要所のみであり、全てではない。つまり英語または中国語が理解出来なければ展示物の全ての解説を読むことは出来ないということになる。まして他の国の博物館や美術館などでは日本語による解説は殆ど望めないだろうから、英語の解説が読めること

は非常に重要である。

旅行において寝るところと食べるところで話が通じればストレスはぐんと少ない。もちろん開発途上国などで英語が通じなくても食事くらい出来るのだが、現地の人とスムーズな会話が出来ると旅はより楽しくなるし、情報なども得やすい。アメリカやヨーロッパの若者たちが世界中で旅するのをよく見かけるが、彼らにとっては英語という武器があるので、世界中どこに行っても困ることが少ない事が前提となっていて世界を回ることが出来ている。そのような恩恵が少ない日本人からすれば羨ましいことだ。だから日本人も同じようにストレスの少ない旅を楽しめるように「正統な英語」を身に付けることは大変有効なのである。

冒頭でも述べた通り、インターネットの世界ではかなりの割合が英語で書かれた情報であり、日本語訳でない。これらの生の情報に直接アクセスすれば、ビジネスは当然のこととして、日常的に個人の事業や趣味・娯楽にまつわることでも有益かつ貴重な情報を直接得ることが出来る。それは海外企業や団体のwebsite、業界の著名人のソーシャルメディアでの発信や様々なサイトへのアクセス、また関連するニュース記事や投稿などを直接読むことが可能だからである。更にはインターネットを離れてもそれらの有名人の著書も英語のまま読むことでより親しみが増すこともあるだろう。

近年日本を訪れる外国人（インバウンドゲスト）の急増（第3編第4章参照）により、物理的な人の流れという点で日本もグローバル化の波にのまれるようになった。日本国内においても英語でのやり取りが必要となる機会は近年益々増えている。

日本語しか理解出来ないことはグローバル社会において非常に限定された範囲のみでしか自由に情報が得られないということを意味する。それが英語という世界標準語を手に入れることによって大きな自由を手に入れることになるわけだ。「グローバル市民のパスポート」である英語習得は意義が大きく、価値が非常に高いものなのである。

第3編　【実践編】

さてここからはいよいよ、どうやって社会人の英語を身に付けて行くのか、その実践方法について述べることにする。

1　自分に合った教材・手法で長く続ける

英会話の教材や教本は書店やネットにあふれている。どれを使って取り組んだら良いかなかなか難しい。大事なことは実践的な会話の練習になっているか、そして苦にならずに自分が続けられるか、という点である。またコストの問題も重要だ。高い費用を払って始めた英会話のレッスンが長続きしないと、その後悔が精神的・金銭的トラウマとなって他の方法や教材での再開が出来なくなることもある。

これらの事情も踏まえた上で私がお勧めしたいのはNHKラジオ（第2放送）の英会話である。ラジオ英会話と言っても聴者のレベルに合わせて番組が幾つもに分かれているのがNHK英会話の特長である。自分のレベルに合わせてコースが選べるようになっている。

主要なコースを上級者用から順に並べると、

① ラジオビジネス英語（ビジネスパースン用に作られた実践的英会話が学べる）
② ラジオ英会話（高校生から社会人が対象）
③ 英会話トライアル（簡単で短い日常会話をテンポよく話すことが目的）
④ 中学生の基礎英語in English（中学で学んだ文法が土台で、役立つフレーズを身に付ける）
⑤ 中学生の基礎英語レベル１、２

となっており、いずれも週5回放送、1回が10～15分である。

今既に仕事で英語を駆使しており、ビジネスレベルの会話が可能な人は①が良い。

ビジネス英語のレベルにまだ達していない人や特にビジネスで英語は必要なく、日常会話としての社会人の英語を身に付けたい人は②または③が良いだろう。出来るだけ簡単な英語の基本を習得することで覚えやすく、自信も付けやすい。もちろん④でも大いに結構。私は日本の中学校の英語が英会話の基本と思っており、別の言い方をすれば中学英語を理解していれば大抵の会話は可能と考えている（第3編第4章参照）。実際に私は大学生時代や社会人になりたての頃は中学校で習った英文を使って殆ど全ての会話をこなしていたのである。

大学生の頃、カナダ・アルバータ州に10カ月ほど滞在したのが人生で初の海外生活であった。それまで英会話学校に通ったこともなく、またESSなどの英会話クラブに属したこともなかった身であったが、中学校で覚えた英語を使って会話をし、大抵のことは話せたし、特に困ることはなかった。それくらい中学校の英語は実践的で使えるのである。だから英語がまだ使えるレベルにないと思う人が社会人の英語を身に付けるには、まず中学英語から始めてそれを完璧にこなせるようになってから、次のレベルに進むというやり方も有効であると思う。

但し中学英語は飽くまでも「教科書英語」だから④「中学生の基礎英語」では日常のこなれた会話は含まれていない。例えば「英会話トライアル」に見られる次のような表現、

That sweater looks good on you!（そのセーターは君に似合っているよ）
How's everyone in your family doing?（ご家族の皆さんは元気ですか）

などは出て来ないだろう。従って「中学生の基礎英語」で英語の基礎を学びながら、息抜きに或いは「お口直し」に「英会話タイムトライアル」を時々試してみるのもより実践的で良いかも知れない。

レベル別のコースが揃っていることに加えてＮＨＫラジオで学ぶことのメリットは次の通りである。

⑴　画像がないので聴くことに集中できてリスニング能力が鍛えられる。
⑵　１回のレッスンが10～15分と短いので飽きたり疲れたりせずに続けやすい。
⑶　特に前出①、②の内容は回ごとにストーリーが展開する形式になっているので、次の展開が楽しみになり続けて聴きたいという気にさせてくれる。
⑷　再放送が何度もあり、聴き逃しても再度聞く機会があり、喪失感を味わうことが

少ない。またタイマー録音しておけば聴き逃すことがないだけでなく、何度も繰り返し聴くことが出来る。

(5) テキスト代は廉価（¥660／月）であり、また番組の視聴は無料なので経済的負担が非常に少ないので続けやすい。

＊ネイティブスピーカー相手のアプリでは数か月で数万円というものもある。

費用の問題でいうと、やたら英会話にお金をかけて、しかも入り口でお金を支出するようなものに頼って身に付けようとする場合がよく見られるが、高額な費用の掛かるものは費用負担が重荷となって長く続けられず、その結果挫折してしまった時にそれがトラウマとなって、新たに再出発しにくくなるというデメリットがある。また最初にお金を支出すると、それで何となく目的が半分達成された気持ちになって、それ以降真剣に且つ地道に努力しなくなる可能性すらある。もちろん個人ごとに考え方も性格も違うから、何が向いているかは人それぞれであり、何が間違っているとは一概に言えないが、習い事を成功させるためには継続性が大切であり、その場合費用対効果が非常に重要な要素であることは間違いない。

ラジオだけでなく、ＮＨＫのＥテレでも英会話番組、或いは英語が取り入れられている番組が幾つかある。しかし総じてテレビの方がおおざっぱな作りであり、また画像の方に興味が行ってしまい、聴く力が付きにくいという難点がある。ただこれを視聴すること自体はプラスではあるので、テレビの方が好きだというのであれば集中して且つ継続して視聴することにより身に付けるものはあるだろう。

ここで大事なことは数か月～半年で成果が見えないということで辞めてしまうことがないようにすることだ。どれだけ良い教材、メディアであっても半年程度で目立った成果が出る訳ではない。後で述べるが、番組で出て来た表現を丸暗記すればいいものでもない。２年、３年と続けることで英語が「溜まって」行く。頭の中に１００の表現が一旦インプットされても多くのことは時間が経つと忘れてしまい、２割つまり20くらいが残るというイメージだ（第７章参照）。従って５年、10年と続けて頭に残るものを地道に増やして行くことが必要だ。例えば英語表現のインプットを続けて行き、それが累計２００に達したとして、その内の20％つまり40の表現が頭に残っていて口に出して言えるということだ。40の異なる表現が話せればそれなりのレベルの会話が出来ることになる。

ポイントとしては後で述べるように、自分が好きな表現、覚えやすい表現を繰り返し暗記して自分のものにすることだ。出て来るフレーズ（語句）や表現を全て覚えることは不可能だし、完璧である必要はないと割り切ってしまうことも必要だ。

2　ソーシャルメディア、学習アプリの活用

順番としてはまずＮＨＫラジオで自分のレベルに合った番組を一定期間聴いてしっかりと英語の基礎を作ることが一番で、その基礎固めが終わった後に、次の段階に進むことがお薦めだ。しかし個人によって好みもあるし、違うやり方の方が身に付けやすいという場合もあるだろう。

ラジオ英会話の次の段階としてお薦めであり、且つ人によっては早い段階でお薦めなのは、YouTubeなどのソーシャルメディア（ＳＮＳ）や英語（外国語）学習用のアプリ（一部有料）で学習することだ。主に発音や抑揚の練習に効果がある。もちろんラジオ英会話を続けながら、並行的にこれらで発音や抑揚のチェックをするのも有効である。

これらソーシャルメディアや学習用アプリではネイティブスピーカーが教える英文を直

接視聴出来る。単に視聴するだけでなく、有料ではあるが双方向でネイティブスピーカーとやり取りが出来るアプリもある。英語を上達させるには実際に話すことが最重要であるから、双方向の学習アプリの効果はかなり高い。

ネイティブスピーカーとの英語での会話のやり取りが可能で、自分の話した英語を訂正、指導してくれるアプリ（application: app）は何種類かあり、例えばSpeak, Hello Talk、Tandem、italkiなどである。それぞれ無料プランがあり、基本的なチャット、音声メッセージ、訂正機能が利用出来る場合が多い。但し無料の場合は会話の量や訂正機能の使用回数に制限があり、これが有料の場合は一般的に回数に制限がなくなるといった違いがある。

いずれにしても今やＩＴが発達して、ネイティブスピーカーとの基本的なやり取りが無料で出来る時代となった。こういうものが簡単に利用出来る時代で、社会人の英語を身に付けない手はないと思うし、逆に言えば英語習得の機会がないとか、出来ないという言い訳が効かない時代になったとも言える。

まずYouTubeのチャンネルでお薦めのひとつはKendra's Language Schoolだ。

初級、中級などに分かれていて、よく使われるフレーズをネイティブスピーカーが何度も発音してくれて、良い練習になる。このチャンネルを登録して継続的に練習すれば発音やイントネーションもかなりの上達が見込めるだろう。他にもYouTubeにはネイティブスピーカーによる英語学習チャンネルは多く、内容は様々だ。自分に合ったチャンネルを登録して継続的に視聴し、練習することが大切だ。しかしYouTubeチャンネルの短所は、NHKラジオの長所の裏返しで、ストーリーの展開がない為、何日か休んでも本人は全く困らないのでついさぼりがちになってしまうことだ。

一方アプリ（app）では有料でネイティブスピーカーと直接コミュニケーションが出来るものも色々あり、やる気さえあればいくらでもそのようなツールは見つけることが出来る。例えばSpeakというアプリ（app）はSpeakeasy Labs社が開発したもので、実際の人間ではなく人工知能（AI）が話し相手となる為、「間違ってはいけない」という学習者の心理的抵抗を減らしている。AIを相手とするコースは有料で年間数万円かかるが、無料のコースもあり、簡単なフレーズをネイティブスピーカーを通して学ぶことが出来る。またネイティブスピーカーの発音の後に自分の発音を録音して、それを聴くことが出来る機能がついておりネイティブスピーカーの発音と比べることが可能で、発音の学習に効果的である。

自分に合ったアプリを探し、費用対効果を確かめて自分にとって最も学びやすく続けやすいものを選択するのが良いだろう。

但しこれらのアプリもYouTube番組と同様にさぼってしまいがちという短所があることには留意が必要である。私がＮＨＫラジオ英会話を最初にお薦めしたのは総合的に見て最も優れていると思うからである。

尚、個人の性格、特性にもよるがネイティブスピーカーとの直接のやり取りで、場合によっては自信を無くしてしまう人もいるだろうから、まずはＮＨＫ英会話やYouTubeチャンネルで十分に基礎練習を積んでからの方が良い人も多いだろう。ネイティブスピーカーとの会話を楽しめるという人は積極的に活用するのがいい。そうでなければ費用も数万円単位でかかるだろうから、その効果が最大となるタイミングを見計らうのが良いかも知れない。

これらの中で自分に合ったものを見つけ、集中して且つ継続的に視聴或いは参加することが必要だ。数か月単位ではなく年単位で続け、レベルを上げて行くことだ。

また話す能力を磨くというより、受動的な学習法としてアメリカ映画やTVドラマシリーズの視聴は生きた英語を耳から入れることで様々な表現を学ぶ上で有効だ。サスペンスもの、SFX、恋愛ものなど、自分が好きなジャンルのものを観ることで頭に入って来やすい。セリフの中で「こんな言い方もあるんだ」というものを見つけるだけで身に付けて行けるものがある。

今はDVDを借りたり、買ったりしなくてもNetflixやAmazon Prime等のサブスクリプションで大きな金銭的負担なく多くの映画やドラマがほぼ無限に鑑賞できる時代だ。その殆どが字幕（サブタイトル）やCC（closed caption）機能がついており、日本語の字幕ではなく、英語の字幕は英語表現の習得に大変有効で、その人物が何を言っているのかを読んで理解することが出来る。お薦めは字幕なしで鑑賞し、次に字幕付きで復習すること。それでどんな内容の英語であったか確認出来る。順番は逆でも良い。これを何度も繰り返す。

これらのセリフで印象に残ったもの、好きなものを覚えて楽しむのも一手だ。

因みに私は永年の大のアメリカ映画ファンで、気に入った映画はDVDなどで数十回観ることがあり、好きな映画の中の印象深いセリフは頭の中に幾つも残っている。

こういう楽しみを持つことで英語を好きになり、また習得を継続することが出来る。英語を理解することで人生の楽しみが増えるというボーナスが得られることになる。

３　毎日の「英語率」を上げる

さて皆さんは一日の内、どれくらい英語の環境にいるだろうか。どのくらいの時間、英語を聴いているだろうか。日本国内に居て普通に生活していると一日中英語を聴く機会が全くないという人もいるだろう。しかし現在は昔では考えられない程恵まれた環境にあり、意識すれば生の英語を幾らでも聴くことが出来る。

例えばケーブルテレビを契約すればアメリカのＣＮＮ放送や英国のＢＢＣ放送をリアルタイムで視聴出来る。つまり理論上は24時間英語を聴くことも可能だ。地上波やＢＳ放送でも英語のニュースを視聴出来る。例えばテレビ神奈川では毎朝ＢＢＣ放送を流しているし、ＮＨＫ・ＢＳでも朝６時から「ワールド・ニュース」で各国のニュースをそのまま放送している。またＮＨＫ・Ｅテレは二か国語放送の番組が幾つかあり、原語の英語で視聴可能である。

既に述べたようにYouTubeなどで米国のＡＢＣ放送、ＮＢＣ放送なども番組登録しておけば、ライブではないが、ほぼ最新のニュースが随時視聴出来る。

それに加えて前記のようにアメリカ映画・ＴＶドラマを視聴することで大きな費用負担なく一日に英語に触れる環境、つまり「英語率」を上げることが出来る。英語率とは一日に視聴する動画やテレビ番組の総時間の内、言語が英語のものである時間の割合をいう。ある人が1日の内、ＴＶや動画を見る時間が合計4時間あるとして、その内1時間が英語であれば英語率は25％ということになる。２時間が英語なら英語率50％ということになる。

私は読者の皆さんが社会人としての英語を身に付け、維持するためにはメディアなど生活で触れる情報、取り込む画像や文字の内、理想的には50％以上、最低でも毎日30％以上の英語率を維持して欲しいと思う。日常生活に英語を当たり前のように取り入れて行って欲しい。

思い切って英語を上達・向上させたい人は75％以上に、そして海外転勤や海外渡航の直前など集中して英語に取り組む時期なら全て、つまり英語率１００％にして欲しい。つまり通勤時間も含め毎日を「英語漬け」にしてしまうことだ。これは若い人にとってはとても効果的だ。一般に若い時の方が生活関連の雑用も雑念も少なく、英語に集中できる時間を多く取りやすいからだ。そういう環境で1日5〜6時間、英語漬けになるのは効果が高いだろう。

読み物も同様だ。まずはニュース記事。新聞或いはネットニュースを1時間かけて読む人はその内15分を英語によるニュース、報道に当てていれば英語率25％だ。これも努力して25％⇓33％⇓50％と上げて行く。

＊注）私が米国カリフォルニア州に駐在していた当時は、地元のLos Angeles Timesに加え、Wall Street Journalを定期購読し、毎朝1時間以上かけて読んでいたが、単に英語で時事を拾うだけでなくアメリカ人一般国民が何を重視し、どう考えているのかを知ることが出来、大変役に立った。またシンガポール駐在時はStraits Timesを購読していたが、同様に日本のメディアでは報道されないシンガポール国内事情を深く知ることに役立った。

では書籍はどうか。第1編第3章で述べたように私は英語による読書を強く勧める。本物の英語に触れる最良の機会であるからだ。*読書も日本語の本を1冊読んだら、次に或いは同時並行的に英語の本を1冊読んで欲しい。英語を母国語とする著者のオリジナルの英語を直接読むことで「正統な」英語を取り入れることが出来る。一流の著者の英文は表現も洗練されており、語句の使い方も優れている。

＊注）私は英語で本を読む習慣を長く続けており、様々な著者の本を読んで来たが、中でも元New York Timesの記者であるThomas Friedman（トーマス・フリードマン）氏の歯切れのいい文章、文体が好きで、英文を理解する為の格好のテキストであると思う。読んでいてほれぼれする文体である。彼の著作は日本でもベストセラーとなったThe World is Flat（フラット化する世界）、Hot, Flat and Crowded（グリーン革命）、Thank You for Being Late（遅れて有難う）等、注目を集め世界的なベストセラーになった作品が多い。

英語ばかり読むことを自分に義務付けようとすると、負担に感じ中々息苦しくて続かない場合があり、肩の力を抜いて日本語の良質な本も継続的に読むくらいで良い。日本語・英語の本の比率では半々から始め徐々に英語の比率を上げて行けばよい。

英語の書籍、或いは新聞・雑誌を読むことが必ずしも会話力を付けることに繋がる訳ではないが、語いが増えるしより多くの英語表現を目にすることになる。特に新聞であれば時事英語を覚えることが出来、それを会話に活かせる機会がある。英語を読むということを習慣とすることが大切だ。英語による報道などに常に触れていないと日本語英語を間違って使ってしまいがちだ。かつて私は外国人との英語による会議で日本人側のひとりが「Lehman Shock（リーマン・ショック）の時は……」と発言するのを聴いて耳を疑った。もちろんその外国人には通じなかった。その日本人は仕事で海外との接点があるのに、英語のメディアには日ごろ触れていなかったのだろう。"Lehman Shock" はジャパニーズイングリッシュであり、そのような言葉は英語のメディアには決して現れないから、英語を話す時に口をついてでることはない。

＊注)「リーマン・ショック」に当たる英語はGlobal Financial Crisis（世界金融危機）である。

英文を見て拒否反応を起こしたり、目をそらして日本語に頼ったりするのを止めて英文をそのまま読む癖をつけることが大切だ。最初は億劫に感じてもすぐに慣れてしまう。海外の観光地で英文による説明文も苦にならずに読めるようになる。

毎日の生活の中に英語を取り入れて行くこと、そしてこれを継続することが必要だ。半年や1年の単位ではない。５年、10年、20年と続けて行くことが大切だ。後述するが社会人としての英語は長い年月をかけて身に付け洗練させていくものだ。

4　英語を実践で話す

さて英語を聴く、読む、見るという行動は受動的であり、自分が心がければ実践可能であるが、それと「話す」ことは大きな差がある。英語は言語、言葉なので話さないと身に付かない。話すことで鍛えられ上達していくのである。その為には話す為の相手が必要となる。普段は前述のインタラクティブなアプリでのネイティブスピーカーとのやり取りで一定レベルまで鍛えることが出来るがアプリでのやり取りは決められた範囲での練習であり、思いがけないアドリブが入ってくることが多い実際の会話ではない。現実の会話は生身の人間と行うことで実践出来る。

これについては人の置かれた立場によって実践する方法がかなり違ってくるのでその具体的方法も様々で無数にある。

例えば企業に勤めている人はそのつもりになれば英語を話す機会は得やすい。現代では日本の会社でも社員の中に英語など日本語以外の言語を話す人と一緒に働くことも多くなった。また取引先が海外にいる場合も多く、その相手との日々のやり取りが考えられる。海外出張・海外転勤は理想的な機会だ。また海外の取引先が日本に来るときも英語を話す良い機会だろう。こういう相手とは個人的に親しくなって長い関係を築くことも肝要だ。

この他、もちろん海外留学（短期、長期それぞれ）で英語を鍛えるオーソドックスな方法がある。また今はワーキング・ホリデー制度を利用して海外で働くことが出来る（原則として30歳以下が対象）。日本は現在世界30か国・地域と相互にワーキング・ホリデー・ビザを発給している（外務省）。この制度を使えばお金を得ながら海外に滞在できるので、経済的に楽である。日本の海外留学生は減少傾向にあるのだが、海外での生活、長期滞在はネイティブスピーカーと直接交流が出来るし、英語を始めとする外国語を習得し、グローバル市民になる為の貴重な機会である。それが可能な環境にある人は是非挑戦すべきであろう。[*] 若い時の自分への投資は後になって実となって返って来る。

＊注）私はアメリカ・カリフォルニア州駐在中に会社からの資金援助を得て地元のカリフォルニア州立大学の大学院に2年間通わせてもらった。

しかし日本国内にいても、近年は英語を話す機会は増えている。例えば近年急激に増えているインバウンドゲスト（訪日外国人）の存在がある。インバウンドの数は2013年に初めて年間1000万人を超え、以後順調に増加していた。コロナ禍により2020年から激減し、2021年にはほぼゼロにまで下がったが、2022年4月コロナ感染症が2類指定から5類指定に移行し、2022年10月にインバウンドゲストの入国が解禁された後は順調に増加、2023年には約2500万人にまで回復し、2024年は前年比50%の伸びを示していて3686万人に達した（政府観光庁）。日本政府のインバウンドゲスト数の目標は2030年で6000万人であり、今の成長ペースを保てれば今後大災害や世界的な経済危機などがない限り達成が現実味を帯びている。

つまり2013年に1000万人を超えてからコロナ禍を経ても20年足らずでその6倍に達する勢いなのである。もちろんインバウンド客が全て英語を話すわけではないが、英語を母語とする国からの来訪者に加え、母語ではないが英語は話せるという人たちを含めれば、英語でのコミュニケーションが可能な人たちは相当数に上る。例えば6000万人のうち、30%の人が英語を話すとするとその数は1800万人となる。因みに政府観光庁データによると2024年1~10月の10か月間のインバウンドの国別訪問者数は、1位韓国（720万人）、2位台湾（580万人）、3位中国（500万人）に次いでアメリカが4位で220万人である。その他オーストラリア（72万人）、カナダ（48万人）、英国（36万人）からの来訪者もかなりの数に上り、英語を母語とする来訪者の合計はかなりの数に上り、それ以外に英語によるコミュニケーション可能な訪問客（シンガポールや欧州各国など）もいることを考えると、英語で接することの出来るインバウンドゲストの数がいかに多いかが分かる。

この増加が続いているインバウンドゲストと接する仕事についていれば日本国内に居ながら生きた英語を話す機会は多くなる。ツーリズム即ち観光事業に関する仕事、つまり宿泊施設、飲食店、観光案内所、通訳ガイドなど多くの業種がある。通訳案内士（ガイド）の資格を取ってインバウンドゲストの案内をすることは英語を話す機会を増やす意味では非常に有効だ。資格取得が難しいと思う方への朗報としては、今は制度が見直されて案内士の資格がなくてもガイドとしてインバウンドゲストの案内が出来るようになったことだ。また京都や鎌倉を始めとした有名な観光地では外国人ゲスト案内のボランティア活動も盛んであり、そこへの参加もひとつの手段であろう。

その他英語のネイティブスピーカーを含む外国人の交じった社会人英語サークルがあり、英語による交流会も至る所にあったりする。もちろん単独でそういうところに入って行くのが億劫な人もいるだろうから自分に合った方法を探せば良いだろう。最近は企業で副業も認められており、本業で英語を話す機会がない人は休みを利用して、副業として英語を話す機会のあるアルバイトをすることも出来るだろう。

個人の置かれた立場、性格、年齢によってやり方は様々だろう。ネイティブスピーカーの友人或いは恋人をつくることは会話能力の向上に寄与するだろうが、それが目的化してしまうと友人関係の維持に影響があるかも知れない。日頃から常にアンテナを張って英語を話す機会を探すことだ。いずれにしても大切なのは英語を話す為の基礎、土台は先の「英語率」を高く保つことで身に付けて準備をしておく必要があるということだ。

因みに私は50代になってからソーシャルメディアなどを通じて知り合ったアメリカ人女性2人（LA、NY在住）とそれぞれ繋がり、その後実際にアメリカや日本で何回か会ったことがあり、今でもメールやソーシャルメディアで交流している。2人とも知的職業に従事（今は1人はほぼ引退）しており、きちんとした正統な英語でやり取りする良い機会になっている。

参考までだが最近でも私は電車や駅で外国人に声がけして話したことが何度かあり、ある時はたまたま目的地が同じだったので電車に同乗して会話を楽しんだことがある。日本に居ても常に英語を話す機会を持とうという意識があれば機会は数多くあるだろう。これは東京を中心とする首都圏だけでなく、今や日本全国あらゆるところにインバウンドのゲストがあふれている状態だから日本中のどこにいてもそういう機会に巡り合う可能性はある。そこで知り合った人たちの中で気が合えばその後も交流が続くこともあるだろう。

ただもちろん、このような「たまたま」、「偶然」に一時的に会話するペースではレベル向上には結びつかない。言語は継続的、恒常的に常に話していないと自分のレベルの維持すら難しい。可能な範囲で定期的に会話、或いは何らかのやり取りが継続的に出来るパートナー、相手が見つかるのが理想的であるが、それが出来ない場合は先述のソーシャルメディアやアプリを通したネイティブスピーカーでも良いだろう。

私はあるアメリカ人の若者が日本に初めて来たのに、日本に50人程知り合いがいると聞いて驚いたことがある。事情を聴いてみると、アメリカに住んでいながら英会話アプリの英語パートナー講師として日本人の英語の話し相手になっていたとのことであった。その会話パートナーが日本全国に居るとのことだった。つまり日本人からすれば逆に英会話アプリで海外にいるネイティブスピーカーの友達を多く作ることが出来るということだ。海外に行った際にそのパートナーと会って交流を深めることも可能なのである。社会人は置かれている立場が様々であり、英語を使う場面も様々であろう。ネイティブスピーカー或いは英語を解する外国人とどうやって交流していくかは、ここに挙げたように様々である。自分に合ったやり方でそれを求めて行くのが良いと思う。最初は簡単なやり取りから始まって、自身の英語が上達するに従って複雑なやり取り（会話、交信）が出来るようになるだろう。試行錯誤を繰り返しながら時間をかけて、あらゆる場面で英語を使う機会を探って行くことがお薦めである。グローバル社会では外国人との交流の方法は実に多様で便利である。だから自分に合った相手を探すことが重要になる。

5　会話のコツ：堂々と聞き返す

さて英語習得中の多くの人にとって、ネイティブスピーカーと話す時の最大の不安は、自分がある程度思っていることを話せたとしても、相手の言っていることを聴きとれないときはどうしようかということではないだろうか。それが不安な為に、ネイティブスピーカーとの会話を億劫に思っている人も多いと思う。

そんな心配は不要である。何故なら相手の言っていることが分からない時は堂々と聞き返すのが全世界共通した会話の常識だからであり、しかも重要なことだ。聞き直すことを億劫に思ったり、恥ずかしいと思ったりする必要は全くない。分かった振りをして相手に誤解されたり、或いは相手の言いたいことを自分が誤解したりするよりも聞き直すことの方が相手に対しても遥かに誠実である。

少し考えれば分かることだが、日本人同士の日本語での会話でも、相手の言ったことが聴き取れなかったり、分かりづらかったりした時は聞き返すだろう。それが決して失礼ではないことは誰もが常識的に知っている。これは世界中どこに行っても同じである。ましてや日本人が外国人の言ったことが完全に理解出来ずに聞き直すことは何らおかしなことではない。

相手の英語が聞き取れなかった時にどう聞き返すかは何通りかあるが、どれも有効である。

最も丁寧な聞き直し方は、

I beg your pardon?

である。或いはこれを簡略化して、

Pardon?

だけでも丁寧な言い方だ。他には、

I'm sorry?（または単にSorry?）

でも良い。これは語尾を少し上げて疑問形で聞くのが肝心だ。或いは、

Excuse me?

でも良い。

I beg your pardon?（またはPardon?）、I'm sorry?、Excuse me? の3種類をうまく使いこなして聞き直そう。だが一度聞き直しても、まだ聞き取れない時は、再度聞き直してみる。言い直しを2回までお願いするのは許容範囲だろう。3回聞き直すのは状況にもよるがお薦めは出来ない。

また聞き取れなかった時のもう一つの対応の仕方は、自分が聞き取った内容を復唱して相手に確かめるというのがある。

例えば相手が、

Could you tell me how to get to Shibuya?（渋谷までどうやって行くか教えてくれますか?）

と言ったのがうまく聞き取れず、get, Shibuyaだけが聞こえたとするとあなたは「渋谷をgetするとはどういうことか」と思うから、そのまま聞こえた通りに、

Get Shibuya?

と繰り返して相手に尋ねるということだ。すると相手は少し丁寧にゆっくりと、

HOW TO GET TO SHIBUYA?

などと繰り返してくれる。

相手の言っている言葉を繰り返すというのは言語習得の基本でもあるので、こちらもお薦めである。この復唱を練習することで話す能力の向上にも繋がるのである。

そもそも私たちの日本語の会話でも、聞き取れなかったり、意味が取りづらかったりする場合は相手に聞き直すことはよくある。決して失礼なことではない。寧ろ聞き取れなかったのに分かった振りをして行動してしまい、相手に迷惑をかけることになる方が問題

である。

聞き直すことは万国共通で大切なことであり、躊躇する必要はない。

相手の言ったことが聞き取れなくても聞き直せばいいと思っていれば、ネイティブスピーカーや外国人と英語を話すハードル（障壁）はぐんと下がるはずである。

どうだろうか。分からなかったことは聞き直すこと、或いは自分が聞こえた通りに復唱して確認することが出来ると考えたら、英語で会話することに対する不安はかなり解消するのではないだろうか。

もちろん相手が何か言うたびに毎回聞き直していては会話が途切れ途切れになるから、会話の流れを感じ取りながら常識の範囲内で聞き直すという配慮は必要だろう。

6　隙間時間の活用＝歩きながら英語を唱える

社会人が英語を覚えようと思ったら、学生時代のように机に向かって英単語や英文をノートに書き出して行くというようなやり方ではないだろう。身に付けたいのは実践の英会話力であって単語力やテストの点ではないはずだ。社会人の英語習得で欠かせないのは「隙間《すきま》時間の活用」だろう。社会人は学生と違って普段は家のこと、家族のことなど生活関連の雑用が多い。更に仕事も抱えていると、中々学習時間が取れない。会食や呑み会など交際や趣味、スポーツなどに加え息抜きの時間が欠かせない人も多いだろう。そこで活用したいのは隙間時間である。典型的なのは通勤時間だ。電車での往復は誰にも邪魔されない貴重な隙間時間であり、これを利用しない手はない。通勤時間は隙間時間どころか言語習得の「ゴールデンタイム」である。電車に乗っている時間が片道30分であれば往復1時間ある。朝・夕のこの貴重な1時間を活用しない手はない。その間に新聞や仕事のメールなども読む時間が必要なら勉強時間と半分ずつに分担しても良いだろう。半分だとして片道15分の学習時間であっても往復で毎日30分集中して学ぶことを数年という期間継続すればかなりの量の蓄積が可能だ。一方で自動車通勤の場合や、電車が満員で学習は物理的に無理だという人は、30分早めに目的地に着いて、勤務地近くのカフェを利用するのも良いだろう。実際にオフィス街の早朝のカフェでは何かの資格取得の為と思われる勉強や外国語の勉強をしている人を多く見かける。目的を持った人は早朝からしっかりと集中して取り組んでいる。様々な研究によると、カフェという異なる環境で勉強することは自宅でひとりで勉強するよりもはかどるし、多少の雑音がある方がかえって集中出来て効果的だそうである。しかし本当は電車が満員で学習が出来ないというのは感心しない言い訳のように思える。例えば1時間早めに電車に乗れば車内は空いているだろう。また都心に通う人の場合、快速や特急がある路線では各駅停車に乗ればかなり空いている。各駅停車の電車はゆったりとして快適でありストレスも少なく、しかも急行などよりも長く乗っていることになるので学習時間がまとめて取りやすいから一石二鳥である。因みに私は電車通勤していた時代、朝は必ず各駅停車に乗り、空いている車内で1時間程新聞に加え英文読書をするのが日課であった。これを何年も続けていた。

しかし私がもう一つお薦めしたい「裏ワザ」は歩いている時間である。自宅から駅まで、或いは駅から勤務先、または帰りの場合は駅から自宅まで、この間も誰にも邪魔されないもうひとつの貴重な学習時間となる。何かのデバイスやイヤフォンで英語を聴くのも良いだろう。しかしそういう受動的な学習は電車やカフェの方が向いているように思う。私がお薦めするのは、自身が実践して来た、頭の中で英作文をすることだ。覚えたての英語表現を復習でぶつぶつつぶやくのも良いし、何かの場面を想像して、自分の言いたいことを英語で言ってみるという訓練も効果的だ。例えば、自分が外国人と会い日本のある習慣を説明する場面を思い浮かべる。その時に言う日本語のセリフを英語に置き直してみる。つまり自分で通訳する。或いは何か自分が日本語で考えていることを、頭の中で英語に置き換える。誰も周りにいないときはそれを小声でつぶやくことも効果的だ。単語帳を作り、単語だけでなく、覚えたい便利な表現を書き出して歩きながら見ては口に出して憶えるのも良い。とにかく言語は口に出して言う回数に比例して身に付く。これは私が実践したというだけではない。アメリカの映画を観ていると主人公が大事なインタビュー（面接）を前にして自分が言いたいことをぶつぶつとつぶやきながら会場に向かうシーンが時々ある。言うべきこと、言いたいことは一度口に出してみるというのは、実践に活かす上で効果的なやり方だ。しかしこの方法も重要なことは継続することだ。数か月で終わるのではなく、満足した向上が見られるまで何年か続けてみることである。

あらゆる学習において、効率よく時間を使うことはとても重要だし、効果も得られやすい。１日は24時間と限られているので、そこから自分で学習時間を絞り出すのである。何の学習でも同じであるがだらだらと時を過ごすのではなく学習する時間と場面を決めて、意識を高くして短時間で集中して学習し、それを長く継続して行うことが大事だと言える。

7　表現を覚えても80%は忘れてしまう

これは誰しも経験のあることだと思うが、社会人になって英会話や使える英語表現の本を買ったり、英会話の動画を見たりラジオ英会話を聴いて英単語や英語表現を覚えようとして、その時は幾つか覚えるのだが1週間も経てば忘れてしまう。或いはとてもいい表現だと思っていても、いざ実際に英語を話す機会があると、そんな覚えた表現が口から一切出て来なかったりする。また英会話の本を買って、最初は張り切って練習し始めても途中でだれてしまい本の最後まで行きつかないことも多いだろう。

元来覚えた表現を会話の際に無理にでも当てはめて使うのは実はとてもいいことで、多少使うべき場面が異なっていたり、その場に相応しくない表現であったりしてもそれを意図的に口に出して言うことで身に付くのである。しかし覚えたつもりの単語やとっておきの表現が、いざという時に出て来ないというのは英語習得者にとって日常茶飯事である。覚えようとしたことや覚えたことの80%は一定期間で忘れてしまうと思った方がいい。よほど頻繁に口に出して使っていないと短期間で忘れてしまう。

では学習することは無駄なのか、どうしたら良いのか。

それに対する私の助言は次の通りだ。

(1)　長い時間をかけて継続して学んでいくことで、覚えたこと、覚えようとしたことが蓄積されてその中からふるいにかけられたように組み合わされた表現として、使えるようになる。それは10年以上の歳月をかけることで実現する。忘れてしまうことを気にする必要はない。一度覚えた表現は次にまた覚える時に思い出しやすい。

(2)　出て来た表現の中で自分が好きな言い方や覚えやすい言い方を優先してどんどん頭に入れて行く（次章参照）。自分に合った言い方、好きな言い方はすぐに頭に入り覚えやすく、忘れない。そのような自分の得意な表現を少しずつ増やしていく。これを長く続けることで様々な場面での表現が出来るようになる。

(3)　逆に何度覚えようとしても覚えられず、同じ単語なのに出てくるたびにまた辞書を引いたり、テキストを確認したりすることがある。しかしそれは誰にでもあることで焦ったりがっかりしたりする必要はない。その表現や単語と「相性が合わない」と思うことだ。寧ろ自分が覚えていること、使いやすい表現を頻繁に使って完全に自分のものにしてしまうことの方が有効である（次章参照）。

(4) 覚えた表現をそのまま思い出せなくても簡単な言い方で代用することを覚える。

例：参加する　participate in または take part in ⇒ join

楽しむ　have a good time ⇒ enjoy

意味する　stand for ⇒ mean

などだ。時にはこれを逆にしてこなれた表現を使うのも良いだろう（join と言わずに participate in〜を使うなど）。

これについては次章で具体例も挙げて説明したい。

8　得意な表現を見つけ意識して使う

英語は単語を知っていることも大切だが、単語を幾らたくさん覚えても実際の会話では中々使えないという経験を持っている人は多いだろう。単語よりも慣用句などの表現法を覚えて使えると自然な会話が出来るようになる。私は学生時代を含め、出合った英語表現で何となく気に入って、ことあるごとに使っている慣用句が幾つかある。これらは会話でも頻繁に使う機会があり、忘れないのである。何が覚えやすいのか、何が気に入るかは人によってそれぞれ異なる。私の場合の例を一部紹介すると、

① put～ into practice：～を実践する
② put up with～：～を我慢する、辛抱する
③ come up with～：～を持って来る、編み出して来る
④ end up with～：～という結果に終わる
⑤ have（something）in common：どこか共通点がある
⑥ for an obvious reason：明らかな理由で、すぐに分かると思うが、
⑦ by all means：(相づちで) よろしいとも。どんなことがあっても。

私は会話するときや英文を書く時にこのような慣用句を意識して使っている。これらの表現に共通していることは学校の英語では習わない（教科書にもよる）、或いは共通試験などでも見かけないが、通常の会話では使う機会が多く便利だということだ。

①put ～into practiceは書く英語（履歴書なども含む）で使うことが多い。

例文：

I was able to put that method into practice. 私はその方法を実践で活かした。

②put up with～（我慢する）は学校英語でも出てくる慣用句だが、例えば、

I can't put up with it.（僕は我慢できない）

など否定で使う方が多い。

③、④については後述する。

⑤have something in common（共通点がある）はちょっと聞くと使う場面が想像出来ないが、会話では割と活用しやすく便利である。

例えば、

These two problems have something in common.（この二つの問題には共通点があるね）

などと使う。

⑥for an obvious reason は少し洒落た言い回しに思えるので、私は好んで使っている。

例えば、

We chose the other restaurant for an obvious reason.

明らかな理由で（＝もう分かると思うが）私たちは別のレストランを選んだ。

⑦by all means：ぜひに。何としても。

Can I come visit you tomorrow? By all means.（明日、君のところを訪ねてもいいかい？ぜひそうして。）

などであるが、もちろん他にも多くの「使える」慣用句はあり、これらが例として読者の方の参考になれば幸いである。人によって何が覚えやすいか、好きなのかは違って来る。それぞれが自分の好きな、或いは自分に合った表現を見つけ、機会あるごとに使ってみるのが良い。好きな表現が実際の会話でうまく使えたら気分が良く、その表現は頭に刻まれて忘れないようになる。そういう表現を多く持っていればいるほど会話の幅が広がって来て会話も続くだろう。いわば引き出しを多く持つということであり、引き出しの数は多ければ多い程良いということだ。

9　発音と抑揚（イントネーション）

さて英語を話そうとする時、日本の多くの人が苦手意識があったり、気にしたりするのが英語の発音ではないだろうか。

私からすると、日本人は発音に敏感になり過ぎているように思える。

代表的な例はLとRの発音の違いや、日本語にはないthの発音などだろう。但し多くの日本人がうまく出せない音は他にもたくさんある（第1編第4章参照）。

しかしこれを意識し過ぎるあまりに委縮してしまって、堂々とした声で英語が話せなくなっている人がいる。

発音については持っている意識を変えるだけで随分と変わる。

発音の練習の第一歩はとにかく「真似ること」である。

日本人はもっとリラックスしてネイティブスピーカーの発する者や抑揚を真似する（なぞる）ことに専念すればいいと思う。先に紹介した英会話ラジオ、YouTube、英会話アプリなどではネイティブスピーカーの話す言葉に続いて同じ言葉を言う練習をするのだが、ネイティブスピーカーの発音に近付くように何度も口に出して言う習慣をつける。飽くまで「近付く」だけで良く、１００％同じに発音出来る必要はないし、それは元来とても困難なことで、ネイティブスピーカーに近い発音で十分なのである。

前述のようにその中で特に気に入った表現、慣用句、つまりフレーズ（phrase）は完全に丸暗記して普段から頭の中でも繰り返すことをお薦めする。そういう慣用句は前述のように、実際に英語で話す時に口に出しやすく、利用出来る。そんな自分の得意な慣用句を毎月2、3個ずつでも増やして行くようにする。長い間にそれが何十種類と貯まって行くことになる。

「英会話」のようなテキストに慣れて来たら、ちょっと難易度は上がるがアメリカ映画を観て、自分の好きな俳優の話しているセリフを真似してみることでも良い。先に述べたようにNetflixでもDVDでも英語字幕スーパーが出るので、何を話しているか英語で読むことが出来るから、気に入った表現を何個か探して、その好きな俳優が言っているセリフを全く真似して話してみるのだ。1か月に一つでも二つでも、そういう表現を探して真似をする。英語の発音だけでなく、表現を覚えて行くから一石二鳥である。自分の好きな俳優の好きなセリフ、覚えやすいセリフだからどんどん頭に入るし、真似をする喜びもあるから実効が上がりやすい。私の知っている帰国子女の高校生は、かつて映画『タイタニック』のレオナルド・デカプリオの大ファンで、彼がディナーの席でとうとうとしゃべるシーンのセリフを全て暗記して時々そらんじていた。一つでも二つでもそういう表現を増やして行く。出来れば機会を見つけてその表現を使ってみる。話す相手がいなければ前述のごとく1人でつぶやくことでも良い。使う機会がなく忘れてしまうものがあっても10年続ければ100通りくらいの表現が身に付くことになる。

この時に大事なことは単に発音を真似するだけでなく、英語独特の抑揚、つまりイントネーションも出来るだけ近づけることだ。残念ながら多くの日本人がイントネーション

（抑揚）の真似をする努力をしないのが実態だ。発音は決して間違っていないのにこのイントネーションが本来の英語とかけ離れている為にその人の話がきれいな英語に聞こえないことがよくある。逆にイントネーションが合っていれば発音が多少違っていても英語らしく聞こえるくらい重要なのである。

発音は諦めずに繰り返し練習すれば殆どの人が正しい発音、正しいイントネーションに近付くことが出来る。ここで肝心なことは完全な**ネイティブスピーカーの発音が出来ることを目指す必要はない**ということ。前に述べたように英語らしい英語に**近付くことが重要**ということだ。逆にこういった真似をする努力を全く放棄した「我流の英語」は聞き苦しく分かりづらい。またネイティブスピーカーのようなスピードで話そうと焦る必要はなく、ゆっくりでいいので正しく話すことの方が重要である。

最近、ＪＲ東海道新幹線で日本人職員による英語アナウンスが行われるようになっている。ただ話すスピードだけはネイティブスピーカー並みに速いのだが、発音も抑揚も違っているので聞き苦しいし、何を言っているのだか殆ど聞き取れない。外国人乗客へのサービスのはずなのだろうが伝わらない英語になってるのは無駄なサービスとなり残念なことである。もっとゆっくりと、そして明瞭に発音すればいいのにと心の中で思っている。かつての日本の航空会社の機内でも聞きづらい英語のアナウンスがよくあったが、今は大手の航空会社では見事に改善されて（ネイティブスピーカーによる録音メッセージも含め）とても聞きやすい英語のアナウンスが行われている。

10 ゴルフの練習と同じ

さて、英語の発音は「ものまね」をすることで身に付くという話をしたが、もう一点、英語の発音が苦手と思っている方に意識改革をしてもらいたいのは、英語の発音や抑揚の練習はゴルフの練習と同じということだ。

ゴルフをしない読者もおられると思うが、そういう場合でもゴルフというのはスイングする時のフォームや姿勢を細かい点まで練習して身に付けることが大事だということは分かってもらえると思う。ゴルフでなければ、テニスの練習とも似ている。

ゴルフやテニスを習われた人なら分かると思うが、特にゴルフの場合はクラブを持つグリップの形、ボールに向かって構える位置、姿勢、足幅など打つ前から非常に細かく指導される。そしてスイングでもクラブを振り上げてから、ボールを打ち、打った後のフォロースルーまでも指導がある。その通りに忠実に行わないとゴルフボールは前に飛んでくれない。前に飛ぶだけでなく、高く上がらないとゲームにならないし、打った本人もつまらないから、習ったことは出来るだけ覚えようとする。しかしゴルフのクラブを持って構える姿勢は普段の自然な姿勢と異なり、不自然で無理な姿勢であり、スイングも同様で独特の動きだから最初から自然に出来る人はいない。

テニスもこれと同様に始める時はラケットの握り方、振り方、体の姿勢などの基本をしっかり身に付けることから始めるだろう。ラケットの正しいスイングを身に付けて正確にボールを前に飛ばすようになる為には長い間の練習が必要である。

ゴルフは普段の姿勢と違った無理な姿勢で無理なスイングで打つのだから最初はぎこちないし、中々骨が折れる。しかし皆ゴルフがうまくなりたいから何度も練習することで身に付け、自然に出来るようになる。最初は無理な姿勢だと思っていたのが、慣れて来ると苦にならずに自然に出来るようになる。そしてうまくボールが打てるようになると、今度は実践でゴルフ場に出てプレーしたいと思うようになる。ただ実際にゴルフ場に出てプレーすると練習していた時のようにはうまく行かないし、思ったほど良いスコアも出ない。それを反省してまた練習に励む。これの繰り返しである。ここで重要なことは無理な姿勢や難しいフォームを習得するのが面倒だと感じ、自己流でスイングしようとしてもボールは飛ばないし、まっすぐに行かない。するとゴルフが最初から楽しくなくなってしまうことだ。正しいフォームに直そうとせずに我流のまま続けようとすると一向に上達しないだろう。打つフォームという基礎をしっかり身に付けないとゲームが始まらないとも言える。

英語の発音や抑揚、或いは英語表現もこれと同じである。英語のLとR、或いはthの発音は普段の日本語では使わない発音である。だから同じような音が出るように何度も練習する。最初はぎこちないが、それを繰り返している内に、それ程無理をせずに近い音が出るようになる。これを本来は小学校や中学校で英語を習い始めるときからやっていればいいのだが、日本では一部でネイティブスピーカーによる授業はあるもののできていない。ある程度のレベルに達したら、実際にネイティブスピーカーと話してみる。するとうまく発音できておらず、ところどころ通じないことがある。それでまた自分で練習する。これを繰り返すことで、大抵の発音は身に付くはずだ。発音や抑揚は真似をすること、何度も練習すること、これに尽きるのだ。相手のネイティブスピーカーの話す音を真似することも有用だ。実際に相手と会って話す場合は生《なま》の声であるし、別れた後も音が脳裏に残っているから再現しやすい。前述の通りネイティブスピーカーと全く同じ発音をする必要はなく、限りなく近ければ問題ない。

ところが多くの日本人が正しい英語の発音を真似することを早い段階で諦めてしまっているように思える。要は慣れない発音をすることが「面倒」だと感じ、努力をやめてしまうのだ。努力を怠れば進歩は止まってしまう。

英語らしい発音にする為の練習を一切しないままに長い間英語を使っている日本人が多いのも実態である。いわゆる我流である。もちろんそれでも通じるのだろうが、決して本来習得すべき「きれいな英語」ではない。もちろん日本人以外の外国人でも強いアクセント（なまり）の英語を話す人はいる。

米国ニクソン、フォード両政権下で国務長官を務めたヘンリー・キッシンジャー氏（１９２３〜２０２３）は、幼い頃ナチスの迫害を逃れてドイツから移民してきたのだが、国務長官になっても強いドイツなまりの英語でしゃべるのが特徴であった。

そういうなまりのある英語を気にしない人もいるし、チャーミングだと思ってくれる場合もある。しかしやはりきれいな英語、或いはそれに近づけようとしている英語は聞きやすいし、相手も安心して聞いてくれる。自然できれいな英語に少しずつでも近づくように時間をかけて向上させていくことが大切だ。

私は大学の第二外国語の授業や社会人になってフランス語や中国語を学んだことがあるが、クラスの中で正しい（ネイティブスピーカーに近い）発音を忠実に真似て再現しようと努力している生徒が1人もいなかったことに内心落胆した。これは日本人の悪い習慣である。前述（第1編第4章）の「文字言語」である日本語の弊害かも知れない。日本人は一般に音を再現することが得意でないし、あまり関心がないのが実態だ。外国語学習の根幹となるのは音を真似することであるのに、その大切な部分を最初から放棄していることになる。また外国語の新しい単語や文章を習う時に発音・読み方・抑揚を一緒にまとめて覚えることが最も効率が良く、王道である。その単語や表現の意味だけ先に覚えて発音は後で覚えようとするのは二度手間となり、何倍もの時間がかかるのでとても効率が悪い。高校・大学時代を通じ、或いは社会人の時もそういう生徒が多かったので同じ時間をかけて授業を受けるのに大変もったいないと私は強く思ったものだ。

11　カタカナ英語でヒントをつかむ

英語を日本語のカタカナから入って発音することが癖になっていると中々自然な英語の発音に近付けないので、基本的にはお薦めではない。たとえばgirlを「ガール」とカタカナで頭に入れている場合は、本来の発音に近付くのは難しい。

但し**日本語読みのカタカナではなく、英語の発音に近いカタカナであれば発音のコツをつかむのには良い**場合が多いので試してみてはどうだろうか。

かつて１９７０〜１９８０年代に活躍した松本道弘氏という英語の達人がいた。旧日商岩井（現双日）出身の商社マンでディベート（討論）という概念を初めて日本に持ち込んだ人物で、『giveとget』など英語に関するベストセラーの著書を多数出している。会社を辞めた後は米国大使館の同時通訳に抜擢されたり、ＮＨＫ教育テレビ（現Ｅテレ）上級英語講師や名古屋外国語大学教授をされたりしていた。松本氏がまだ英語がそれ程出来なかった学生の頃、アルバイト先のアメリカ人が話しているのを聞いていたら何を言っているのか分からない。あるフレーズが「カーラップ」と聞こえる。時々同じ文句を耳にするが、どうしても「カーララップ」だ。後になって英語が理解できるようになり、それはcall her up.（彼女に電話する。）と言っているのが分かったという。

私はこのカタカナ英語を読んで、とても実際の音に近い表記だと思うし、この真似をすれば（アメリカの）自然な英語に近付くと思った。これを日本語カタカナにすると「コール・ハー・アップ」だがそれでは通じない（イギリス英語の発音はこれに近い）。

こういう実際の発音に近い「カーララップ」というカタカナ英語であれば発音の練習には有効なヒントになると思う。つまり日本人英語のカタカナでなく、実際にどう聞こえるかというカタカナ表記である。分かりやすい例だとappleは「アッポウ」だ。必ずしも正確な発音ではないが実際の音により近いというような感じだ。ネイティブスピーカーが聞いたら、カタカナ英語の「アップル」よりも「アッポウ」の方が通じやすいように思う。

先述のput up with～（～を我慢する）は「プ**ラ**ップウィドゥ」だ（太文字にアクセント）。

これは英語学習法としては正攻法ではないかも知れないが、英語の発音のコツが掴めずに悩んでいる人にはひとつの解決法だろう。要は自分なりの工夫である。この方法が合っている人には有効であるし、その必要がない人にこのやり方を押し付けることではない。

他に例として日本人が聞き取りにくい単語を敢えてカタカナにすると、

whatever（ホワットエバーでなく、ワレヴァ）、olive（オリーブでなく、アリブ）、

gluten（グルテンでなく、ルーティン）

＊太文字のところにアクセントあり

といった具合である。このような実際の発音に近いカタカナ英語をまとめた本も出ているので興味のある方は発音、抑揚のヒントとしてとり入れてみてはどうだろう。

12　英語らしいフレーズを取り入れる

日本人がよく使うフレーズは定型化されていたり、堅苦しかったりしてこなれていないことが多い。例えばビジネスの場面で、事務所に電話が掛かって来て、不在の人に代わって電話に出たあなたが後で本人に「折り返させる」というのは何というだろうか。

私の仕事の先輩で、一緒に海外の仕事をしていた頃、彼はこういう時に決まってこう

言っていた。

"I'll ask him to call you back."（彼に掛け直すように頼んでおく）

ask＋目的語＋to〜は日本の学校英語で習う表現で、これでも間違いではないのだろうがこんなことを言うネイティブスピーカーはいない。つまりこの場面での正しい英語ではない。ask＋目的語＋to〜の場合のaskという単語は「お願いする」というニュアンスが強く、よそよそしい印象を与える。「はい、それでは彼に掛け直すようにお願いしてみます」という意味となり、仕事での表現、或いはプロフェッショナルな言い方ではない。

この場合、最も普通の英語の言い方は何だろう。

それは、

"I'll have him call you back."

である。

このhave＋目的語＋動詞（または過去分詞など）も日本の学校の英語の時間に習っているはずなのだが、何故か日本人ビジネスパースンでこれを使う人、使いこなす人は少ない。しかし特にビジネスの用語ではこのhave＋目的語＋動詞（または過去分詞）は一番自然なのである。

人に何かをやってもらうという「使役」の表現は英語の教科で習ったと思うが何種類かある。

①　make＋目的語＋動詞
②　ask＋目的語＋to＋動詞
③　let＋目的語＋動詞

などであるが、もう一つがこの、

④　have＋目的語＋動詞または過去分詞

だ。

これらはそれぞれニュアンスが異なり、①は強制的にさせる、②は前述の通り、「お願いする、頼んでみる」③は相手の自由にやってもらう、というニュアンスだからお気づきの通り、ビジネスのシーンではどれもあまりふさわしくない場合が多いのである。

これに対し④のhave＋目的語＋動詞または形容詞は、ごく自然に人に「してもらう」というニュートラル（中立的）なニュアンスであり、この電話を掛け直してもらう場合を含め、ビジネスのシーンでは適している事が多い。

例えば、取引先の人が何かのデータを提示してくれて、それをあなたが社内の担当部署の者に見てもらうつもり、という場合などは、

"OK. I'll have someone in the engineering (department) take a look at it."（わかった。じゃあうちの技術〈部門〉の者に見てもらうよ。）

などと使う。

後に置く動詞を過去分詞として使うことも多い。例えば、

"I'm sure I'll have it finished by tomorrow."（間違いなく明日までに終わらせるよ。）

のように使う。

高校の英語でこれを習った時、I had my hair cut.（このcutは過去分詞）＝私は髪を切ってもらった。というような例文を思い出した方もいるのではないか。

このようにhave＋目的語＋動詞または過去分詞というのは他の使役の用法に比べ強制も依存のニュアンスも含まない「ニュートラル」なので日常的によく使われ、ビジネスの場面でも使い勝手が良く英語らしい「こなれた」表現であり、社会人の英語を習得する人は是非使いこなしてもらいたい表現の一つである。

他にも日本人はあまり使い慣れていないが、ネイティブスピーカーがよく使う便利な表現は数多くある。そういう表現を会話やメールの文に取り入れて使うとこなれた英語になるので意識的にどんどん使って欲しい。

ほんの一部だが例えば次のような用語・用法である。

1 考える、分かる：figure out
2 見てみる、目を通す：take a look (at〜)
3 うまくやる、何とかやる：manage to〜
4 間に合う、到着する、出来る：make it
5 (考えや提案などを) 出して来る：come up with〜
6 〜で終わる、〜となる。：end up (with) 〜
7 結果が〜となる、〜と判明する：turn out to〜
8 うまく行く：work out (well)

どうだろう。日本語のフレーズを見ればごく日常的に使う表現だが、読者が英語にする時にこのような表現をしているだろうか。

これらは会話で非常によく使われる自然な表現、慣用句だが、学校の英語にはあまり出て来ないし、一般の日本人で使いこなしている人は少ない表現の例だ。使われている単語は基本的なものばかりで難しくない。こういう表現を普通に使えるようになると会話がこなれてスムーズになるはずである。

各フレーズの使い方を解説する。

1 考える、分かる：figure out

普通、「考える」というと誰もがthinkという単語を思い浮かべる。しかしこのfigure outはthinkの代わりに非常によく使われるので覚えて使いこなすのが良い。特にlet me figure outは頻繁に使われる。

Let me figure out what that is.　それが何なのか考えてみるね。

このfigure outは「分かる、理解する」という意味でもよく使われる。

It took us two hours to figure it out.　それが何だか理解するのに２時間かかった。

2 見てみる、目を通す：take a look at〜

これも1同様に、「見る」というとすぐにsee, look at, watchなどを使いがちだが、実際の会話に使われるのは、take a look（at〜）が非常に多い。

単にseeやlook atなどを使うより、こなれた表現である。日本語でも「見る」よりも「目を通す」の方が少し洗練された、或いはビジネスライクな感じがするのと同じである。

Can you take a look at it?　ちょっとこれを見てくれないか。（簡単に、Can you take a look? だけでも良い）

Let me take a look at it.　ちょっと見てみるね。

などと使い、非常に便利で、単に、

I will look at it.

I will see that.

などというより自然な英語に聞こえる。

③ うまくやる、何とかやる：manage to～

単に「～をする、～をやる」というならdoを使うところだが、工夫したり努力してうまくこなすことが出来るときはmanage to～を使うとそのニュアンスが伝わって来る。

例文：

① I managed to raise the target amount for our fund.　私は基金の為の目標金額をなんとか集めることが出来た。

② He managed to finish his own project in time.　彼は自分の課題案件を何とか期限内に完了した。

＊「努力する」という意味のmake an effortを用いるよりも、こなれているし、「努力した上で～が出来た」という意味になるのでとても便利だ。

④ 間に合う、到着する、出来る：make it

If we hurry, we can make it.　急げば間に合うよ。

We made it!　出来たよ！

「君に出来るかい」なら、Can you make it? である。
これも非常によく使う。電車に間に合ったとか、締め切りに間に合った時も“I (We) made it” などと言い、使える範囲の広い便利な慣用句だ。

5 （考えや提案を）出して来る：come up with～

例文：
I hope Ken will come up with his own idea tomorrow. ケンが明日自分のアイディアを持って来ると思う。

come up with～は英語ではよく使われるのだが、日本人でこの表現を使いこなしている人は少ない。
便利な表現なので是非使ってみて欲しい。

6 ～で終わる、結局～になる：end up with～

The last quarter ended up with a record high profit. 前の四半期は結果として記録的な利益

となった。

7 （結果的に）～となる、判明する：turn out (to be)

Things didn't turn out to what had been expected.　ことは期待した通りにはならなかった。

It turned out that he was not fit for the position.　彼はそのポジションに相応しくないということが判明した。

これも現地の英文では頻繁に使われる。

8 うまく行く：work out (well)

Our plan worked out (well).　私たちの計画はうまく行った。

work out はジムなどで体を鍛えるという意味もある。

I work out at the gym twice a week.　僕は週に2回ジムで鍛えている。

ご存じの方も多いが、この表現も実際の英語では頻繁に出て来る。

＊work 一語だけでも「うまく行く」「思った通り」という意味になる。例えば It worked!　うまく行った！

このように会話で普通に使われる言い回しにちょっと気を付けて「英語らしい」表現を取り入れると自然な英語に聞こえるようになる。

第４編　ライフワークとしての英語

1　駐在員（ビジネスパーソン）の英語

第１編第５章で述べた通りビジネスパーソンの場合の英語習得（英語を必要とする場合）は、業務上必要とされているのであり、緊急性は高いのでしっかりした目標を立てて精力的かつ集中的に取り組むべきである。

何年以内にどこまで上達するという具体的な目標を立てて高い意識を持って取り組むことが必要だ。TOEICの点数が一つの指標となるのだろうが、TOEICは会話能力を問わないテストであり、海外駐在に必要とされるもの（＝会話力・交渉力）を身に付ける目的には適っていない。

既に海外駐在中の方や、いずれ海外駐在となる可能性が高い方は、短期的に一定程度までの英語の習得を目指すことになるが、一旦駐在が終わっても、グローバル社会に居る以上その後も英語は確実に必要であるから英語の習得・向上は続けて行くべきであり、長期的に10年、20年、30年という節目ごとにレベルを上げ洗練された英語を身に付けて行くのが良い。

私も英語を使って長きにわたり仕事をして来たが、そんなキャリアでも30年くらい英語に携わり続けて、50代になって漸く精神的な余裕が出来、自然な英語が話せるようになり、英語で冗談も言えるようになった。個人差はあるだろうが緊張せず心に余裕を持って英語を使えるようになるにはそれ程の年月が必要ということである。

また、英語のレベルが上がれば周囲も一目置くようになるし、それに見合った仕事や役回りも来るようになり、自分でも自信がつくので様々な相手と積極的にコミュニケーションを取り、ビジネスの可能性を広げることが出来る。英語能力を活用してどんどん業務の成功に結び付けて行って欲しいものである。

CNNやNBCなどアメリカのメディアで独占インタビューやトークショウなどによく登場する日本人経営者がいる。サントリーホールディングスCEOの新浪剛史氏（2025年3月に会長就任予定）、それにソフトバンクグループCEOの孫正義氏である。彼らがどうして米国のメディアに頻繁に登場、或いは呼ばれるかというと、2人ともアメリカの大学、或いは大学院を卒業しており英語で直接受け答えができるからである。通訳を介さずに英語で直接本人と話が出来て、本人のメッセージがそのまま放送で流せるのは海外メディアにとって大変有難いし、視聴者を惹き付けられるから取り上げやすいのである。因みに孫氏の英語はお世辞にも流ちょうとは言えないが、大変簡潔でご当人の人間性からにじみ出る温かみやユーモアが感じられる英語である。後述する「英語の達人たち」に加えたいところだが、私はまだ直接お会いしたことがないので含めていない。

しかしこれはメディアにとって都合が良いだけではない。両氏が率いるそれぞれの企業にとっても大変なメリットがある。アメリカのメディアに出演すると全世界の人が観る機会があり、それらのメディアを使っていわば世界中に自社の広告を出しているようなもので、知名度や注目度の向上に繋がるのである。またその番組を観た欧米の経営者や事業家は両氏を身近に感じるだろうし両氏が何を考えているかを直接聴けることになり、今後何か新しい商談を始めるきっかけにもなり得る。偶然に何かの会合で会った時にも初対面という気がせずに打ち解けやすく、新たな事業の話を持ち掛けやすいだろう。

ＣＮＮのビジネスコーナーでは様々な国の経営者が呼ばれ、インタビューを受けるが、そのほぼ全員が英語で受け答えをする。通訳を介してなどというのは極めて例外的だ。逆に英語で受け答えが出来る人物のみが呼ばれているとも言われそうだが、その時点での注目されている企業経営者が呼ばれていることが多いからそういうわけではないだろう。

これを見てもグローバル社会における企業経営者は英語によるコミュニケーションは最低条件であることが分かる。それが出来なければメディアに呼ばれないだけでなく、重要な事業機会を逸してしまう可能性がある。

経営者に限らない。凡そ管理職以上のビジネスパースン全員にも全く同じことがあてはまる。仕事の相手が身に付けている道具（会話の為の言語）をこちら側が持っていないと、対等な話し合いは出来ない。情報が入って来ず、そうやって事業機会を逃している可能性がある。これからのグローバル競争の中で事業を前に進め拡大していくには正統で、きれいな「社会人の英語」を身に付けるのは必要条件となる。

2　子供の英会話より「社会人の英語」

先にも書いたが、近年は子供向け英会話学習が以前にも増して盛んで、しかもその低年齢化が急速に進んでいる。英会話教室ではこれまで主流だった学生向け、社会人向けコースに加え小学生向けや幼児向けコースが設けられているのは今や当たり前になって来ている。また学校の放課後に主に小学生を預かる学童保育においてネイティブスピーカーを起用して英語で子供に接する形態の事業も増えつつあり、私立小学校では「国際コース」を設けて英語による授業を実施しているところもあり、また更には「インターナショナル幼稚園」と称し、幼児に英語で接する幼稚園も急増している。

私は幼児や児童に英会話を学ばせることが将来の英語習得に効果が高いとは個人的には思っていない。日本語の理解が安定し、英語の文化背景を理解出来る年齢、即ち小学校の高学年や中学校から英語を学び始めるという現在の学校教育のタイミングで問題ないと思っているし、本書にあるように社会人になって本格的に学び直すことで十分習得可能と考えている。ひとつの知識、技能を如何にして獲得するかというのは、環境と本人の意識の方が重要だからである。幼児期に英語を教えると、当然ながらネイティブスピーカーの発音も簡単にオウム返しに真似出来るので、それを聴いた保護者が喜ぶ気持ちも分からないではない。しかし幼児本人は英語を学びたくて学んでいる訳ではない。

幼児の間に英語を学んでも幼稚園を卒業して、小学校に上がり国語や算数、やがては理科、社会など他の教科を学ぶようになり、またスポーツや音楽など様々な機会に接するようになった時に英語への関心が薄れて行くこともあるだろう。

要は子供本人が継続して英語に興味を持ち、学び続けて行かない限り、会話の能力は伸びて行かないし、身に付かない。

更に言うと子供自身の親が英語を全く話さず、また英語を学ぶつもりもなく、そして特に不便なく暮らしているのをその子供が見た時、どれ程英語を学ぶモチベーションを維持できるかという問題である。


英語学習の低年齢化は明らかに親の一方的な思いによる傾向である。幼児や小学校低学年の子供本人が望んで通っているのはごく少数派であろう。もしその親が自分は英会話は出来ないが、その苦労を子供にもさせたくないから、早くから子供に英語を学ばせたいと考えているとしたらそのやり方には大いに疑問がある。

前に書いた通り、物事の習得は本人の高い意識と周りの環境によるところが大きい。物心がついた子供のその時点での周囲の環境に影響を受ける。英語が生活に身近でない、或いは英語が役に立つという実感がないならばその子が英語学習を続けて行くモチベーションの継続はおぼつかない。第1編第2章で示した通り、これだけ長きに亘る「英語・英会話ブーム」の中、日本人の英語能力が低下の一途をたどっていることで分かるように社会全体としては全く効果が上がっていないのである。

　これからのグローバル社会では生きて行く上で英語を話すことがそれ程重要であると、親がもしそう考えているのなら、学ぶべきは子供よりも社会人であるその親の方である。親が社会人としての英語を身に付けることである。そして英語を実際に用いている親の姿を子供に見せることが何よりも重要である。小さな子供にとって親が英語を理解し、話す、外国人と英語で仕事をしている、或いは自宅に外国人が出入りしている、海外旅行に行ったら親が英語でてきぱきと対応している、そのような姿を見た子供は刺激を受けて自分も英語をきちんと身に付ける必要性やその有用性を強く実感するだろう。

　子供が成長し、高校受験や大学受験で英語学習が必須となったり、その先に海外留学や海外での仕事を意識したりするような年齢になれば本人がその必要性を感じて自発的に英語を習得する気持ちが芽生えるだろう。だがそれ以前の年齢で子供に外国語の有用性を理解してもらおうとするなら、親自らがモデルとなって英語の有用性を実感出来るような環境を整えることが有効となる。

　社会人である親が英語を習得する努力を全くしないで子供にその責務を託す（押しつけ

る）のは道理にかなっていない。
親世代こそ「社会人の英語」を身に付けるべきなのである。

3　社会人の英語の到達点は10年後、20年後

先に述べたようにビジネスで英語を必要とする人たちは目標を定めて英語やそれ以外に要求されている現地の言語（例えばスペイン語、中国語、ヒンズー語、アラビア語など）を習得すべきだ。その場合は海外転勤が目の前に迫っていない限り例えば3年程度の短期、或いは中期的に5～10年の間、集中的に習得し、更に磨き上げて高度な水準を目指すべきだろう。洗練された高度な英語、或いはそれ以外に必要な外国語を身に付ければ仕事上、とても役に立つ。相手の信頼も得やすいし、仕事を超えて相手と長い交友関係を築くことも可能だ。何よりも自分がストレスなく仕事が出来るから、仕事がやりやすいし、業務上のもっと他に重要なことに時間を割くことも可能になる。相手のふところに入ってより大きな商談ができるかも知れない。せっかく良い技術やアイディアを持っていてもそれを自分の言葉で相手にうまく伝えられないとしたらビジネスの推進に支障をきたすことになる

し、うまく伝える為に更に多くの時間とエネルギーを費やす必要が出て来る。ビジネスで英語やその他の外国語が必要と予見される人は迷わずに集中してその言語を習得することだ。

それ以外の一般の社会人は話が別だ。もちろん早く習得するに越したことはない。しかし目の前にその必要性が迫っていなければ短期集中的に習得するモチベーションは高くない。実践で使用する機会も限られているかも知れない。「社会人の英語」は短期間での習得を目指すものではない。10年、20年、或いは30年かけても良いだろう。今、20代の人なら50代になった時に社会人の英語が身に付いていればいい。今40代の人なら60代までに習得するという目標でもいいだろう。現在50代、60代の人も10年かけて身に付けてはどうだろうか。

繰り返しになるが人それぞれ環境や置かれている立場が異なり、どのようなレベルを目指すべきであるかは異なっていて良い。大事なことは英語に対して受容的な「グローバル市民」になるということである。英語で書かれていることが理解出来、英語で問われていることが分かり、英語で意思を疎通することが出来るということである。その「意思の疎通のレベル」も個人差があって構わない。しかしそれは前述の通り「正統（authentic）な英語」、きれいな英語であるべきで、我流の崩れた英語ではないことが大事だ。

4　私が出会った「英語の達人」たち

私は長い間、海外との仕事に携わって来たが、当然、その中で英語がネイティブスピーカー並みに流ちょうな方は何人もいた。しかしそれは海外に長期で在住していて殆ど現地化している人や、いわゆる帰国子女で小さい時に長く海外で暮らして現地の学校にも長く通った人などで、独学で身に付けたという人はそれ程多くはいなかった。

そんな中で私が実際に出会って目の当たりに英語を話すのを聴き、感動して今でも鮮明に記憶に残る人が3人いる。内、1人は正確に言うと出会ったとはいえないが、聴衆の1人としてその話を直接聴く機会があったということだ。社会人の英語として参考になるのでここに紹介したい。

① 大橋巨泉（マルチタレント：500語でペラペラ）

まず1人目はかなり昔の話になる。1980年、私がまだ学生の頃、カナダに滞在していた時にマルチタレントとしてTVで大活躍していた大橋巨泉氏（脚本家、キャスター、事業家）と2回ほどディナーを共にする機会に恵まれた。

そのディナーは全員で15名程だったと思うが、日本人は私を含め5～6名。後は地元カナダ人だった。ホスト役の大橋巨泉氏は日本語はひとことも使わず全て英語で話し続けた。時々ジョークを織り交ぜながら場を盛り上げ、嫌みなことは何一つ言わず気まずい沈黙も作らない完璧な会話術だった。当時大学3年生の私の英語力はかなり未熟で、難しい言い回しや単語などは知らない水準だった。しかし何と大橋巨泉氏の英語はほぼ100％聞き取れた。何を言っているのか全て理解出来たのである。

何故かというと、巨泉氏は難しい単語も言い回しも一切使わなかったからである。夢を見ているようだった。こんな英語のしゃべり方があるんだと感激したものだ。

後で巨泉氏の奥様に聞いて分かったのだが、巨泉氏は中学生の頃アメリカに憧れ、アメリカに行きたくて英語を話せるようになりたいと、アテネ・フランセに通い勉強したところ3か月でマスターし、以来英語を話せるようになった、彼が使う英単語は500語とのことだった。それを聴いて納得した。確かに彼の使った英単語は中学生なら誰でも知っているものばかりだった。日本の中学3年間で学ぶ英単語は1200語だそうだから、巨泉氏の500語で話す英語というのは中学英語よりも遥かに少ない語彙から構成されていたことになる。巨泉氏はその限られた英単語を駆使して全てのことを言い表す技術を身に付けていたのだった。これが必ずしも英語習得の理想とは言えないが、一つの形であると思う。また、大橋巨泉氏は正しく天才であって、他の人が真似しても3か月でその域に達することは難しいだろうし、ましてや限られた500種類という単語であらゆることを言い表す「技術」を身に付けることは至難の業であろう。ただここには外国語の習得法のひとつのヒントが隠れているように思う。文法に拘ったり、難しい言い回しを覚えようとしたり、間違いを恐れてためらったりすることを辞め、知っている単語を駆使して工夫して、丁寧に且つ自信を持って話すことは大変有効な会話法だということだ。

因みに巨泉という名前は芸名（本名：大橋克巳）なのだが、彼は小学校の時に俳句に目覚め、中学生では俳人として名人級のレベルに達したという。「巨泉」はその時の俳号なのだそうだ。いかにも天才らしいスケールの大きな俳号である。

② 籾井勝人氏（元ＮＨＫ会長）：ユーモア交え洗練された会話

籾井氏は私の大学の同じ学部の先輩ということもあり若い頃から縁があり、何度か宴席でご一緒した仲であった。彼が大手商社の全アメリカ大陸の総代表のような地位にあった２００１年頃、カリフォルニアで行われたアメリカ人幹部を交えた夕食会で私はまた同席の機会を得た。そこは大きな個人宅で、夕食が一段落の後、広々としたリビングルームでアメリカ人の経営者たち３〜４名と籾井氏、他に日本人駐在員数名とのこぢんまりとした懇話会になった。籾井氏はＮＹから出張して来ていたのだが、何回目かのアメリカ駐在でのエピソードをユーモアたっぷりにアメリカ人たちに披露していた。アメリカ人が喜びそうなメジャーリーグベースボールの話や、自分のゴルフでの失敗談など、嫌みのない誰が聴いても分かりやすい話でアメリカ人のみならず、我々日本人が聴いても面白い話だった。

私が興味を覚えたのは、その英語が極めて自然で、全く無理がなく分かりやすいことだった。もちろんネイティブスピーカーの発音ではないのだがアメリカ人が聴いても全く聞き苦しさのない、申し分のない話し方だった。当時の世界の最重要市場であったアメリカ法人のトップという地位を何らひけらかすことなく、相手を引き込む話術、興味を惹く話題の提供などは商社の仕事を通じて鍛えられたものだろうが、「日本人の英語」或いは

「社会人の英語」としては完璧と呼べるものだった。

日本のビジネスパースンが目指すひとつのモデルとも言えるものだろう。

ここに具体的なセリフを再現できないのは申し訳ないし残念でもあるが、アメリカ人が聴いても日本人が聴いても分かりやすい、丁寧で正統な英語が体現出来ている好例と言える。

③河野太郎氏（衆議院議員、元外務大臣）：アメリカの大学仕込みの本格派

河野太郎氏とは個人的に会話した訳ではないが、2010年代半ば日本に在住する外国人を招いた、都内のホテルで行われたとあるレセプションで彼がゲストスピーカーとして英語でスピーチをする場に居合わせることになった。会場の8～9割は在日外国人で埋め尽くされていた。

先の2人と異なり、河野氏は若くしてアメリカに渡りワシントンDCにあるジョージタウン大学を卒業しており、英語習得の環境としては恵まれていたと言えるが、同じように米英に留学してもそれ程英語が上達しない人も多い中で、恐らく個人の能力と政治家になる素養のお陰もあってか河野氏の英語は留学経験者の中でも群を抜いて優れているように

思えるほど、素晴らしいものだった。

遠くまでよく通る声で話し、発音はほぼ完ぺき、話し方も堂々としていて、また籾井氏同様、日本人が聴いても分かりやすい自然な英語。特に感心したのは嫌みのないジョークを連発したことだ。会場は大いに盛り上がったのは言うまでもない。話の内容もその会合の趣旨に沿った、的を射た適切なもので同席した日本人として誇らしく思えたものである。私たちもこういった分かりやすく、きれいな「社会人の英語」を目指すのも良いのではないだろうか。

この３人の英語の達人に共通していることは、まず発声がアメリカ人など米欧のネイティブスピーカーと同様に腹から出ており、また言語も明瞭で聴きやすいことだった。おかしな言い方を敢えてすると日本人にも分かりやすい英語でもあった。各自の人間性も手伝ってかそれぞれ自信たっぷりの話し方で安心して聞いていられた。日本人に分かりやすいと書いたが、恐らく居合わせたネイティブスピーカーやそれ以外の外国人にも非常に分かり易かったと思う。

英語が英語らしく聞こえるには、発声方法も大きい。多くの日本人が日本語を話すように喉や口元だけで英語を話すが、どうしても聞こえにくくなり、また英語らしく聞こえないので相手は割り引いて聞いてしまう。そういう点でこの３人の英語は誰にも分かりやすく、誤解を生じさせないという意味でも日本人による「社会人の英語」の話し手としてのロールモデルとも言えるものである。

5　ライフワークとしての社会人の英語

①　長い時間をかけて向上させる

第２編第２章で述べたが言語の習得は一般的に短期間で身に付くものではない。別の言い方をするなら年月と共に向上し洗練されて行くものだ。日本人にとっての母語である日本語も同じだろう。20歳の時のものの言い方に比べて同じ人が40歳になった時のものの言い方は磨かれた表現になっているのが普通だろう。

だから同じように自分の英語が今よりも5年後の方が、そして5年後よりも10年後の方がより良い洗練された英語になっているべきであり、それを目指して常に自分の英語を更新し、磨きをかけて行く。長い目で考えることで気持ちも楽になり、リラックスして「社会人の英語」の習得に努めれば良いと考える（＊英語をすぐに必要としているビジネスパースンは短期目標が必要なことは既に述べた通り）。

②ダブルトラック（複線）の人生で、地球の景色が違って見える

英語を身に付けると人生が豊かになると書いた。「世界の方言」に過ぎない日本語だけの世界にとどまっていることと、世界の標準語である英語を身に付け、グローバル市民になることでは世界観、人生観が全く変わって来る。英語で抵抗なく世界中の人と対面でもインターネット上でも交流することが出来、地球上に溢れる英文を翻訳なしで理解出来れば、この地球というもの、世界というものが違って見えて来る。時事やニュースに関心のある人ならウェブの世界だけでなく、毎日ＣＮＮやＮＢＣニュースをチェックすることで日本で報道されない情報にいち早く接することになり、世界の出来事がいつも頭の中に入った状態になる。

たとえて言うならシングルトラック（単線）だった人生の行程がダブルトラック（複線）になり、人生の幅が２倍に広がったとも言える。いや平板な二次元ではなく、容量という三次元で考えると日本語だけの情報量だったものが、その数百倍の情報量を持つ英語

の世界に入って行くことだから単純に2倍どころの差ではないだろう。

とんでもなく多くの情報に直接触れることが出来、それが日常となり、何十年もそして一生続く訳だから、そうでない人生と比べるとその差はとてつもなく大きいということになる。それぞれ個人のレベルの差はあるがグローバル市民が毎日見る世の中の景色、世界の景色はそうでない場合とは違ったものになる。

③ バイリンガルになることのもう一つのメリット

バイリンガル（二つの言語使用）で暮らしていると、高齢になってもぼけないと言われる。

ひとことでバイリンガルと言ってもその定義は難しいのだが、2か国語を自由に話すことが出来て、実際にその二つの言語を交互に使って生活を送っているということだろう。それは家庭で2か国語を交互に使っている場合もあるだろうが、家庭では日本語だが、仕事では主に英語或いは他の外国語を使っているという場合もあるだろう。国際結婚の場合はその逆かも知れない。

私自身はバイリンガルとはとても言えないのだが、「バイリンガルはぼけない」という感触を覚えたことが何度かあり、事実ではないかと思っている。

英語を話す時に英語の構文を考えること自体が普段よりも脳を回転させるし、明らかに日本語を話している時以上のエネルギーを使うことになる。だから海外で或いは国内で一日中英語の会議に出ると心身共にくたくたになってしまう。

私がかつて会社勤めで海外の仕事をしていた時、外国からのゲストを訪問先の日本の会社や自治体に案内して打合せを持つということがよくあった。日本の訪問先の出席者が英語が話せない場合、私が通訳の役に回ることになる。私はプロの通訳ではないので完璧ではないのだが、仕事内容は理解していたので言っていることは分かるから大きな支障なく通訳が出来たのである。外国人ゲストの発言を聴いて日本語で相手に伝え、その相手の日本語の回答を今度は英語に訳してゲストに伝えるのである。これをやっている間、頭はフル回転する。プロの通訳ではない為、淀みなく英語が自然と口から出てくることはなく、相手の話を聴いている間に頭の中でこの単語はこう訳すべきだなとか、この表現はこう訳すのが一番適切だろうなどと考え続け、それを組み立てて翻訳して口に出して言うのである。これを1時間も続けると頭の中に英語と日本語がぐるぐる回り続けている状態になる。完全に頭脳は覚醒状態となり、面談が終了しても興奮冷めやらぬままということになる。明らかに脳が2倍かそれ以上の刺激を受け続けていた訳だ。私の場合は、外国人ゲストが帰国してしまえば一旦はおしまいであるが、もしそのようなバイリンガルの生活を毎日続けた場合は頭が活性化していることが常態となるのである。もちろんバイリンガルの人にとってはそれが普通のことであって、私に比べるとストレスはぐんと少ないものと思うが、頭の中を2か国語が駆け回ることに関しては同じで、母語（例えば日本語）のみで生活する場合に比べ脳に対する刺激は2倍以上になるだろう。

そこまでは行かなくても、毎日の生活で物事を一つの言語のみで考えるのか、複数の言語を常に意識して考えるのかで頭の中の回転、覚醒度は著しく違う。成人して社会人になってからバイリンガルを目指して簡単になれるものではないが、少なくとも二つの言語と常に向き合い、二つの言語に意識を置き、またその第二言語を話す機会が定期的にあれば脳に対する刺激はかなり大きい。こういう状態を生涯続けて行くことが出来れば正にぼけている暇はないだろうと思う。ここで医学的根拠を示すことは出来ないのだが「バイリンガルはぼけない」というのは都市伝説の類いではなく、事実であろうと思う。たとえ高齢になっても二つの言語を常に意識し続けることで豊かな人生を送りつつ、認知症も防げるのではないだろうか。そうであれば「社会人の英語」を身に付けることは人生にとって非常に有効であり、健康面でも大きなメリットがあると言えるだろう。

④ 若い脳を保つ

前述のように認知症の予防効果はともかく、英語の利用により常に脳が一定以上の刺激を受け続けるのは若さを保つ上でもプラスに働くに違いない。これも社会人の英語を身に付けることによるプラスの効用と言える。

例えば外国人と会話をしていると、当然ながら日本人との会話とは異なる情報が入って来る。また異なるものの見方や考え方とも向き合うことになる。社会の様々な事象について日本では一定の見方があっても、ある国の人は全く捉え方が違うことは珍しくない。英語で会話をすることでそういうことが直接耳に入って来ることになるし、こちらの意見も求められるから、その為に脳が活発に動いて自分の意見を述べることになる。私が２０１０年代、シンガポールで勤務している時に同じ会社の隣の部署にオーストラリアからスカウトされて来た英国人のある専門家が在籍していて、時折昼食などを一緒にしてよく話す仲になった。ある時冬休み（バケーション）の話となったのだが、彼は日本の北海道に別荘を持っているので家族とシンガポールから北海道へ飛んでそこで過ごすという。よくよく聞いてみると、数年前に北海道で土地を買って別荘を建てたそうで、オーストラリア人の友人家族たちも来るが、それぞれの家族が同じ場所に建てた別荘で過ごしながら一緒にスキーを楽しむとのことだった。今思えばニセコ町の不動産ブームの初期の頃だったのだろう。その英国人は専門家とはいっても私たちと同じ会社に勤務しており、取り立てて高額な給与を得ている訳ではなかったから特に裕福だった訳ではない。

しかし日本人の普通のサラリーマン同士が話していても異国の地で土地を買って友人同士で別荘を建てて毎年そこで過ごすなどと言う話題が出ることはまずないから、大金持ちでなくてもそんなライフスタイルが可能なんだと知り大変刺激になった。それ以外にもやはり外国人と接していて、ものの見方や考え方、或いは発想の仕方が日本人とは大いに異なることに気付かせられることは多い。英語を通じて様々な国の人の違った生活スタイル、余暇の過ごし方、お金の使い方などの情報を得るということだ。刺激を受けたからと言って必ずしもその生き方の真似をする訳ではないが何らかの参考になるのは言うまでもない。これも英語を話すことによる「ダブルトラック」の一つの効用だと言えるだろう。

インターネットの英語の情報は日本語の情報よりも先に進んでいることが多く、その量も多いからそれにいつも触れることは、日本語の情報より新しい情報をいち早く知ることになるし、情報量が豊富なことも脳の刺激になるであろう。

また海外のメディアのニュースは日本での報道とは注目度が異なり、扱っている記事やそれに対する見方も異なっているので、日本のメディアの報道に加えて海外の英語メディアの報道を見たり読んだりすることで多層的で多面的な視点をもって世界が見られるようになる。

例えば中南米の情報はもちろん中東情勢などはアメリカのメディアの報道の量は日本のメディアのそれと比べて圧倒的に多いし、内容も濃い。同じく中東やアフリカの情勢はヨーロッパにとって地理的・歴史的にも意識としても身近でありその報道も詳しいから、例えばＢＢＣの報道はアフリカのことについて日本での報道に比べより緊迫感があり、詳しい。

このように英語のネイティブスピーカーとの会話、ニュース報道や情報に常に触れるようにしておくことで視野が広く保てるだけでなく、脳に常に多重の刺激を受けて若く保つことが期待出来るのである。

⑤ 英語の習得は意識と意欲の問題

英語の習得が「ライフワーク」だと書いたが、長く続けるから良いというわけではない。新たなことの習得は全て同じだが、そのことに対して意識を高く持つことが重要なのである。ただ漫然と「英会話ラジオ」を聴けば英語が上達するものではない。聴くのであれば集中すること、学んで自分のものにしようという意識を持って聴くことが必要で、更に表現を覚える為に口に出して反復して練習することがもっと重要なのである。

長年、日本人と同じ「英語恐怖症」の慢性病患者だった韓国人がすっかり変貌を遂げ、多くの人が英語を身に付けることに成功したのは国家の危機感から来る意識の高さであったと先に述べた。英語を身に付けなければ国際競争では勝負にならない、まずはグローバル市民或いはグローバルビジネスパースンになることが必須であり、最低限のことだと多くの国民が意識を変えて英語を習得したからに他ならない。

同時期に同じアメリカの学校で一緒に英語を学んだ日本人よりも韓国人の方が上達度が高かったのだと思う。その差は「意識の差」と言って良いのではないだろうか。

あまり厳しい事を書いても日本の読者には受けないことは承知しているが、この厳しい現実を日本人は突きつけられているように思う。

そうはいっても楽しく無ければ何事も続けられないのが現実であろう。社会人の英語を身に付けようという気持ちのある方は、是非これから英語習得を楽しんで欲しいし、英語を習得することでここに述べた通りその先に待っている有意義で豊かな人生の実現を目指して励んでほしいと心から思う。

6 「社会人の英語」のまとめ

既に何度か述べた通り「社会人の英語」は英語がぺらぺらになることではない。自分の言いたいことを英語で簡潔に相手に伝えられることである。相手の言っている英語を一定程度理解すること、聴き取れなかったら堂々と聞き返すことで話の理解に努められること、そしてまたそれを6カ月や1年という「短期間」ではなく、5年、10年或いは20年かけて身に付け、その長い間少しずつ洗練された水準に上達させていくこと、グローバル市民の標準語として使いこなすことである。英語表現は飽くまでも正統な大人の英語であってスラング混じりの必要以上に砕けた英語ではないことが大事だ。

そして去年よりは今年、今年よりは翌年の方が英語力が上達していることを目指し、その間は少しずつ語彙や表現の数を増やし英語に磨きをかけて行くことである。

本編第4章の「私が出会った英語の達人たち」でも示したように決して難しい単語や複雑な表現を覚えなくても良く、簡単な表現で通じる英語を出来るだけ多く習得していくことも肝要だ。自分が得意な慣用句、用言、熟語などは積極的に活用して自分のものにして行くことである。いわば自分のスタイルの英語に仕上げて行くことである。そして「日本語英語」ではなく、「正統な英語」となるように心掛ける。正しいネイティブスピーカーの英語に常に触れる（読書も含む）ことでそれは可能になる。抑揚（イントネーション）や発音は出来るだけ正統な英語を話すネイティブスピーカーを真似することで、話を聴く相手にも「聴きやすい」英語を話し、相手に安心感を与えるのが良い。

難しい表現を10個覚えようと何週間も時間をかけるより、時間をかけずに簡単な表現30個をどんどん覚えて行った方が効率的だ。

最後に、話す時は自信を持って大きな声ではっきりと腹の底から発声することも大切である。

～薩摩藩英国留学生の話～

最後にここで日本が鎖国をしていた約１６０年前に、国（藩）の発展を期して英国に渡った15名の青少年武士たちのことに触れたい。

一行は留学生15名に視察員４名を加えると総勢19名であった。

彼らは幕末１８６５年４月、国禁を犯して薩摩（鹿児島県）の地を発ち、船や列車を乗り継ぎながら２か月以上かけて英国にたどり着く。これがいわゆる薩摩藩英国留学生（「サツマ・ステューデント」）である。この若き武士たちの年齢は土佐藩出身者１名を除くと最年長は28歳、最年少は14歳という若さであった。（出典：犬塚孝明「薩摩藩英国留学生」ほか）

英国ではロンドン大学に入学して勉学に精を出す。15人のその後の道のりは分かれ、１年で日本に戻る者や、更にアメリカに渡る者もあったが、大半は帰国して明治新政府で活躍し、森有礼のように日本で初めての文部大臣になるものまでいた。尚、最年少の14歳であった長沢鼎《かなえ》は英国から米国に移り、ニューヨーク州を経てカリフォルニアに渡り、広大なワイナリーを経営、「ワイン王」と称されるほどになって生涯をアメリカで過ごした。

英国に渡る前は薩摩藩内に直前（1864年）に出来た開成所という藩校で英語を学んだとはいえ、ごく短期間であった。しかも外国語とはいってもまだオランダ語が主流の時代で、英語を学んだ者は留学生に選ばれた15名の内、7名に過ぎなかった。

ここで想像してみて欲しい。日本はそれまで200年以上もの長い間鎖国政策が採られており、西洋との接点は長崎の出島での中国人、オランダ人商人たちに限られていた。1854年に日米和親条約、続いて1858年に日米修好通商条約が結ばれ、他の西欧列強国（蘭、露、英、仏）とも同様の条約が結ばれてから横浜など日本の限られた場所で漸く正式に西欧との交易・交流が始まったばかりの頃の話である。

そもそも学校というものが限られた人々しか通えず、通えたとしても英語という教科が存在しなかった時代である。周りにアルファベットすら理解出来るものが誰一人おらず、横浜など開港された土地以外では日本中で外を歩いても英文を目にすることなど全くなかった。

もちろんテレビも映画も、そして日本では写真すら一般には普及していなかった。その写真すら見たことのない外国に渡り、ロンドンに到着直後から現地の大学で英国人に交じって勉強を始めるのである。

この若き侍たちの覚悟は並々ならぬものであったろう。幕府の目から逃れる為に偽名を使い、不退転の決意で日本を発ち、英国という異国の地で、英国人に交じって英語で西洋の技術、知識を貪欲に吸収し習得し、その一行の多くの者が明治維新の日本に多大なる貢献をしたのである。

この若き侍たちの心意気に改めて思いを馳せ、当時とは比べ物にならない程、恵まれた日本のこの学習環境を是非活かしより多くの人が努力を積んでグローバル市民へと進化して行って欲しいと心より願うのである。

おわりに

私は大学を卒業して商社に入社、その後3回の海外赴任を経験した。全て英語圏である。2回目の海外駐在では会社の補助を得て地元（米国カリフォルニア州）の大学院で経営管理学（MBA）を学ぶ機会を得た。こう書くと私の英語はさぞかし流ちょうでネイティブスピーカー並みであろうと、読者の方は想像するだろうが、正直なところそれとは程遠いと言っていいだろう。特に海外勤務から日本に戻って来てそれまでの英語環境から完全な日本語環境に置かれると数年で英語力は錆びてしまう。

恐らく多くの海外駐在経験者は同じ経験をしていると思う。

例えばビジネスで長い経験を積んだ後に、新たな活躍の機会を得て転職してもそれまでのように海外を飛び回るような仕事のポジションに付く人はそう多くはない。せっかく一定レベルの英語力を身に付けていても、英語を全くか或いは殆ど使わない生活を長く続けている人が多いだろう。そうすると瞬く間に英語力は低下してしまう。英語で話しかけられても瞬時にうまく返せなくなるし、自分の言いたいことも中々口をついて出て来ない。

つまり本書でいう「社会人の英語」がかつては身に付いていたのに失われてしまうということになる。これではもったいない。

私の場合は、英語はグローバル社会の基本的道具と認識して、また英語を話すことが楽しいこともあり、海外勤務や出張が減った後もNHKラジオ英会話を聴き続けてセリフの暗唱に努め、読書は日本語対英語＝50：50を維持して、英語の本を読み続けるなどして英語力の維持を図って来た。

特にコロナ禍の真っただ中だった2020年は、毎日CNNニュースにかじりついて真剣に観ていた。コロナ対応で日本よりも一歩も二歩も先を行くアメリカの実情をつぶさに観察することで、コロナ感染対策として何が有効で、何が正しいのかを知る意味でとても役に立った。これも英語の効用だと思う。英語を理解しなければそもそもCNNを観ようとは思わない（日本語訳もあるのだが、日本語訳で視聴する人は少ないだろう）。因みに英語ではこのコロナ禍のことをCovid（コビッド）或いはCovid19と呼ぶ。Corona Virus Disease（2019）の略である。Coronaとだけ言っても通じないだろう。常に生きた英語に触れていないと、こんな基本用語も理解出来なくなる。

また話すという面では10年以上前に通訳案内士の資格を取り、今では本業のかたわら月に2〜4回程、インバウンドゲストを相手にガイドを務めている。私は「英語限定」のガイドなのでゲストはアメリカ人が圧倒的に多いが、他にカナダ人、オーストラリア人、メキシコ人などがゲストのこともあり、これまでの2年間でお相手したゲストの国籍は10か国以上となる。英語を母語としない人たち（例：フィンランド人、ドイツ人、ルーマニア人、前述のメキシコ人、コスタリカ人など）も一様に英語が流ちょうに話せた。正に英語が国際語たるゆえんであり、英語を使えば世界中の人とのコミュニケーションが出来ることを日本に居ながら実体験している。

これら各国から来ているゲストとの交流は良い日常的な刺激になる。想定していないような質問が来ることがよくあり様々な課題を認識させられるし、中には私よりも日本の文化や歴史に詳しい人がいることもあり、こちらも勉強になる。またゲストからはそれぞれの国、地域の最新情報が聴けて知識が更新出来る。

観光の英語はビジネスで使っていた英語とは程遠いのだが、様々な外国人と定期的に会い、会話を交わすことで、英語力がある程度維持出来ていると感じている。

本書でも触れたが、日本に居ながら英語活用・実践の機会を得たいという方は通訳案内士（ガイド）の資格を取り、副業としてガイド業務に携わってみてはいかがだろう。インバウンドゲストを適切にもてなし、総数を増やすという国策にもかなった仕事である。

学生時代は学校で習った英語を実践に使うことに必死だった。本文中でも述べているが、中学校時代の英語が殆ど頭の中に入っていて、それを駆使すると大抵のことは言えたように思う。自分が大学生だったので、大して難しい事を言う必要がなかったに過ぎないのかも知れない。

会社に入って英語でビジネスをするようになると、相手に誤解されないように正確に相手に英語が伝わることを心掛ける必要があった。

長い間英語で仕事をして来たが、知らない単語や言い回しを覚えたり、相手の言っていることを聞き取ることに必死で気持ちに余裕がなかった。

自分らしい英語が話せて、余裕が生まれ英語で冗談を言えるようになったのは、社会人になって30年くらい経った頃だった。

自分のことを全て他人に当てはめることが適切とは言えないが、ひとつの外国語を身に付けるのにそれくらいの時間は掛かるのである。「社会人の英語」はじっくりと継続的に上達させて行って欲しい。それを考えると両親のどちらか或いは両方が外国人などの例外を除いて三か国語以上を自由に話せる人には畏敬の念を抱かざるを得ない。

もちろん今でもまだまだ知らない英語表現や単語とは毎日のように出会い、苦戦している。

今も読む本の半分は英語であり、新聞はＷＳＪ（ウォールストリートジャーナル）電子版を時間を見つけて読むようにしている。朝のニュースではＣＮＮ、ＮＢＣを最低30分程は視聴しＢＢＣ放送も短時間ではあるがチェックする。それでも理解出来ないことも多い。

これは一生の課題で終わることはないだろう。ライフワークと言って良い。

当然ながら日本の報道と海外の報道は内容が違っている。この二つの世界或いはそれ以上の異なる世界を毎日見ることは人生の幅が2倍、3倍（本書でいうダブルトラック）になったかのようで、日々が有意義である。

読者の皆さんも英語を「語学」などと難しく考えずに人生を豊かにするひとつの道具として「社会人の英語」を身に付けて欲しい。人生が2倍にも3倍にも膨らむ意義と喜びを実体験して欲しい。この本を通じてその意欲がわいたという方がいらっしゃればこれ程嬉しいことはない。

最後に、本の執筆に関しては素人の域を出ない私の拙い原稿を取り上げてくれ、真正面から取り組み、複数回の校正を経て出版に漕ぎ着けていただいた東京図書出版の関係者の皆さま、特にまだ荒削りであった初稿をしっかり読み込んで、最初に出版の背中を押してくれて完成まで応援していただいた編集室の皆さまには大変感謝しており、この場をお借りしてお礼を述べたい。

樋口　真二（ひぐち　しんじ）

九州大学経済学部卒業
総合商社入社、主に海外開発投資事業に携わる
海外駐在３回（米国２回、シンガポール）
カリフォルニア州立大学アーバイン校経営学修士（MBA）
現在は教育事業に携わるかたわら副業で通訳案内士としてインバウンドゲストのガイド業務を務める

【著書】
『中国語はこんなに日本語と似ている』（東京図書出版、2014）

TTS新書

社会人の英語

2025年5月11日　初版第1刷発行

著　　者　樋口真二
発 行 者　中田典昭
発 行 所　東京図書出版
発行発売　株式会社 リフレ出版
〒112-0001　東京都文京区白山 5-4-1-2F
電話 (03)6772-7906　FAX 0120-41-8080
印　　刷　株式会社 ブレイン

ISBN978-4-86641-870-4 C0282
Printed in Japan 2025